L'ESPRIT

DES USAGES ET DES COUTUMES

DES DIFFÉRENS PEUPLES.

TOME TROISIEME.

L'ESPRIT

DES USAGES

ET DES COUTUMES

DES DIFFÉRENS PEUPLES,

Ou Observations tirées des Voyageurs & des Historiens.

Par M. DÉMEUNIER.

TOME TROISIEME.

A LONDRES,

Et se trouve à Paris,

Chez PISSOT, Libraire, quai des Augustins,
près la rue Gilles-Cœur.

M. DCC. LXXVI.

TABLE

DES LIVRES ET CHAPITRES

Contenus dans le troisieme Volume.

LIVRE DOUZIEME.

LIVRE DIX-SEPTIEME.

LIVRE DIX-HUITIEME
ET DERNIER.

Fin de la Table des Chapitres.

LIVRE

LIVRE DOUZIEME.

Société ou Usages domestiques. Manieres de s'aborder, de passer quelque tems ensemble, & de vivre dans l'intérieur des familles, &c.

CHAPITRE PREMIER.

Habitations.

On prend ici ce terme de *société* dans l'acception que lui donnent les grandes peuplades : on parlera de l'intérieur des familles, & des usages domestiques, lorsque les hommes se recherchent pour dissiper leur ennui, ou traiter leurs affaires.

Il n'y a point encore de *société* chez les sauvages ; ils se rencontrent par hasard ; ils se quittent sans cérémonie ; & le soin de pourvoir à leur subsistance, les désunit, au lieu de les rapprocher.

On tâchera de donner une idée des sociétés des différens peuples. Les autres Livres de cet Ouvrage suffiroient pour faire connoître l'homme ; mais on va l'examiner encore de plus près, & pénétrer l'intérieur des bourgades. Afin de saisir l'ensemble de ce tableau, il faut se rappeller ce qu'on a dit de la parure des nations diverses, de leurs idées sur la beauté, & de la maniere dont elles se déforment le corps ou le visage.

Habitations. Les hommes vivent plus ou moins de tems sans avoir de cabanes, suivant que le climat est plus ou moins rigoureux ; & même dans les pays froids, ils se réfugient, comme les ours, dans les cavernes, & ils s'y couvrent de peaux de bêtes. Sans parler de beaucoup d'autres peuples, les Zélandois couchent en plein air, sous des arbrisseaux, & comme ils craignent toujours des attaques, les hommes armés se rangent en demi-cercle autour des femmes & des enfans (1). Les habitans de la nouvelle Galle méridionale sont nuds, & répandus, ainsi que des animaux, le long de la côte & au milieu des bois (2).

---

(1) Voyage de Cook.
(2) *Ibid.*

Des peuples guerriers dédaignent par fierté, dans la suite, les habitations ; & ils difent que les vivans ne doivent pas approcher de ces tombeaux (1).

Les cabanes commencent à s'élever ; & l'on reconnoît, à fon ouvrage, la groffiereté de l'homme. Il n'atteint pas encore au bon fens le plus fimple ; & la crainte de l'ennemi ne lui infpire pas encore la prévoyance la plus naturelle. On peut à peine fe tenir debout dans les huttes de la nouvelle Hollande, & elles ne font pas affez grandes pour s'y étendre de toute fa longueur. Les habitans fe couchent en fe repliant le corps en rond, de maniere que les talons de l'un touchent à la tête de l'autre. Souvent ils ne placent fous ces trous que la tête & la moitié du corps (2). La porte de celle des Zélandois eft fi étroite, qu'il faut, pour y entrer, fe traîner fur fes mains & fur fes genoux (3) ; & chacun voit combien cette forme eft dangereufe, fi un ennemi les attend à la fortie. Le centre de la hutte des Hottentots eft un trou qui fert de foyer : il eft environné de trous plus petits : chaque perfonne de la famille a le fien,

---

(1) Voyez Ammien Marcellin.
(2) Voyage de Cook.
(3) *Ibid.* & Kolben.

& l'on ne peut s'affeoir ni dormir dans celui de son voifin.

D'autres fe creufent une taniere, ou dreffent un abri au dos d'une colline : on y allume du feu ; la fumée les étouffe , & leur fait perdre les yeux ; mais ils n'ont pas encore affez d'imagination pour conftruire un édifice qui prévienne ces inconvéniens. Les fauvages de la nouvelle France (1), & plufieurs peuples du nord , font, en effet , aveugles dans un âge peu avancé.

Le climat & les mœurs d'un peuple déterminent la forme de fes cabanes. A Otahiti, ce n'eft qu'un toît foutenu par dés poteaux : on voit de dehors ce qui s'y paffe, & chacun peut y entrer (2) ; car on ne les ferme jamais.

Il eft aifé jufqu'à préfent d'attaquer les fauvages pendant le filence de la nuit, & d'égorger toute la famille au milieu du fommeil : la crainte des hommes & des animaux oblige de prendre d'autres précautions. Les Cynéciens couchoient fur des arbres , pour éviter les bêtes farouches (3). Les infulaires de Mindanao bâtiffent leurs maifons fur des pieux fi hauts , que la pique la plus

---

(1) Voyage de Champlain.
(2) Voyage de Cook.
(3) Boëmus , *Mores Gentium.*

grande ne peut pas y atteindre : ils y montent le soir, à l'aide d'une perche qui leur sert d'échelle (1).

Plusieurs Indiens de l'Amérique avoient aussi leurs huttes sur des arbres ; mais rien ne les garantit de la fureur des Castillans. Ceux-ci ne pouvant les tuer à coups de fusil, prirent le parti de couper les arbres (2).

Les inondations poursuivent ailleurs les hommes, & les réduisent à un pareil expédient. Du mois de mai au mois de septembre, l'Orenoque déborde d'environ vingt pieds, & les habitans des rives de ce fleuve pratiquent alors sur les arbres des huttes très commodes (3).

Des féroces guerriers, toujours combattans & toujours armés, tiennent la société sur leurs chevaux. On dit que les Huns n'en descendoient presque jamais ; qu'ils faisoient leur petit commerce, qu'ils délibéroient sur les affaires les plus importantes, qu'ils mangeoient & buvoient, sans quitter les étriers ; qu'ils s'appuyoient, pour dormir, sur le col de leur monture, & qu'ils passoient les nuits dans cette attitude (4).

---

(1) Voyage de Gémelli Caréri.
(2) Coll. de Bry, t. VII des grands Voyages.
(3) Voyage de Raleigh.
(4) Ammien Marcellin.

A iij

Les maisons s'embellissent peu-à-peu ; elles deviennent des palais : mais les nations les plus polies conservent encore les usages des premiers tems. Ainsi les Perses n'avoient ni autels ni temples , & ils alloient en plein air , faire leurs sacrifices sur une montagne (1).

On devine quel doit être l'ameublement de toutes ces maisons , & de quelle maniere on les habite : on dira seulement qu'à Ormuz, les maris & les femmes passoient jadis la nuit dans de grandes cuves remplies d'eau (2), & que les Bukkariens se couchent tout-à-fait nuds (3).

---

(1) Boëmus , *Mores Gentium.*
(2) Coll. de Bry , petits Voyages.
(3) Hist. des Turcs & des Mongols.

CHAPITRE II.

Usages particuliers sur la proprieté.

Il y a des peuplades assez pacifiques pour mettre tout en commun. Les femmes, les enfans & les troupeaux des Ictyophages d'Asie, appartenoient indifféremment à tout le monde (1). Les Vaccaéens (2) cultivoient chacun une portion de terre : ils rapportoient dans un magasin, les fruits qu'ils recueilloient, & l'on punissoit de mort celui qui en détournoit une partie.

Les historiens de l'antiquité citent beaucoup d'autres usages pareils ; mais cet état est si contraire à la nature, qu'il y a de l'exagération dans leur récit. D'ailleurs, il ne peut pas durer longtems, & les sociétés de moines ou de philosophes, établis sur ce principe, disparoissent bientôt. Les disciples de Pythagore essayerent de mettre tout en commun, & l'enthousiasme de la philosophie, ne put pas même soutenir ce régime.

Bientôt le plus puissant usurpe tout, & le

____

(1) Diod. de Sic. l. 3. ch. 7.
(2) *Ibid.* l. 5. ch. 22. (Peuples de la Celtibérie).

A iv

foible n'a rien. On a trouvé des sauvages qui
ne pouvoient cultiver la terre, sans la permission
de leur chef. I es Negres de la Côte d'Or, sont
obligés d'obtenir cette permission à chaque sai-
son de l'année (1), & même un Abyssin, qui
ensemence des champs, n'est pas sûr d'en avoir
la récolte ; car le roi la donne à qui il lui
plaît (2). Le souverain (3) des anciens habitans de l'Inde, possédoit comme aujourd'hui,
tous les biens (4).

Les coutumes des différens peuples sur la propriété, demanderoient un ouvrage particulier :
on n'en parle ici que sous un point de vue général. Les lois de succession dépendent de mille
circonstances, des idées qu'on se forme du
mariage, du sort des femmes & de celui des
enfans.

Un Negre de la Côte d'Or n'hérite ni de son
pere, ni de sa mere; les plus proches parens de
l'homme & de la femme, viennent s'emparer de
ce qu'ils laissent (5). Bosman, qui a fait des

(1) Prevôt, t. V.

(2) Le Grand, Dissert. 5.

(3) Diod. l. 2.

(4) On a cité ailleurs d'autres souverains, maîtres de
tous les biens qui sont dans leurs états.

(5) Desmarchais, t. I.

observations particulieres fur cette matiere, remarque qu'Akra eft le feul canton de la côte,
où les enfans légitimes héritent de leur pere, &
qu'ailleurs un fils ne peut réclamer que fon fabre
& fon bouclier. Le mari rend aux freres ou aux
neveux de fon époufe morte, tout ce qu'il en a
reçu. — Il femble que les peres & les freres, abu-
fant de la force, ont établi ces lois aux dépens
des enfans. Elles encouragent cependant l'induf-
trie, puifque les fils n'ayant pas de fortune font
obligés de pourvoir à leur fubfiftance : elles
excitent auffi la population ; car il eft utile pour
un pere, d'avoir beaucoup d'enfans, & pour un
fils, d'avoir beaucoup de freres.

En étudiant ces lois, elles paroiffent plus naturelles que celles qui tranfmettent à un fils
l'héritage de fon pere : alors le hafard de la
naiffance donne tout ; & l'on n'eft point obligé
de travailler. Il eft plus jufte qu'un pere hérite
de fon enfant : c'eft du moins une récompenfe
de l'avoir élevé ; & les freres & les neveux, ne
pouvant fuccéder à ces biens que dans un âge
avancé, ils ont déjà payé à la fociété leur dette
de travail.

Le P. Duhalde dit que chez les Tartares, le
dernier des mâles eft toujours l'héritier, parce
que les aînés fortent de la maifon avec un trou-

peau que le pere leur donne, dès qu'ils font en état de mener la vie paſtorale, & ils vont former une nouvelle habitation. M. de Monteſquieu ajoute (1) qu'une pareille coutume s'obſerve dans quelques petits diſtricts d'Angleterre.

Il n'y avoit en Egypte que les prêtres, les rois & les ſoldats, qui poſſédaſſent des terres. Une portion appartenoit à ceux qu'on convoquoit en tems de guerre, afin que l'intérêt les liât davantage à leur patrie. Les Laboureurs ne tenoient les champs qu'à ferme (2). — C'eſt la loi d'un gouvernement ſacerdotal & militaire.

La politique fit beaucoup d'autres réglemens, ſans trop s'embarraſſer de la juſtice. Au Japon, les enfans de la femme donnée par l'empereur, ſuccedent ſeuls : on veut que les biens donnés par le prince, ne ſoient pas trop partagés.

La vanité ſe mêla auſſi des ſucceſſions ; le deſir de ſoutenir ſon nom & ſa famille, établit d'autres lois, & la portion des aînés fut beaucoup plus conſidérable que celle des cadets.

La propriété devint ſacrée, & le culte qu'on lui rendit, enfanta des coutumes biſarres. En voici une. Les Mandingos avoient jadis le droit

---

(1) Eſp. des Lois, l. 18. ch. 20.
(2) Diod. de Sic. l. 1. ſect. 2.

de reſtituer le prix, & de reprendre, avant le coucher du ſoleil, tout ce qu'ils vendoient. Il étoit dangereux de manger ſur le champ les volailles & les œufs qu'on venoit d'acheter ; car alors on en payoit dix fois la valeur, ſi on les redemandoit (1).

Le partage actuel des propriétés bleſſe la raiſon, & l'on imagina qu'il falloit rétablir l'ordre naturel. On s'égara, & on crut que le vol eſt permis. Il eſt même recommandable chez les Koriaques, pourvu qu'on ne dérobe rien à ſes parens, & qu'on ne ſoit pas pris ſur le fait, & chez les Tchouktchi, une fille ne peut ſe marier, ſans avoir donné des preuves de ſon talent pour le larcin (2).

La politique autoriſa ces vols, afin que chacun veillât mieux ſur ſa propriété. Les Mingreliens & pluſieurs autres peuples, racontent avec ſatisfaction ceux qu'ils ont fait. C'eſt une preuve d'adreſſe & de courage (3).

On obſerve que les voleurs en troupe ne manquent pas de principes, & qu'ils autoriſent leur brigandage par des ſophiſmes. Ils doivent, en effet,

---

(1) Voyages de Labat. Jobſon, *Golden Traden.*
(2) Rel. de Krachenninicow.
(3) Voyage de Chardin.

réfléchir sur leur état, & leur âme dépravée doit se justifier par des raisonnemens. Ils disent qu'il n'y a d'autre droit que la force. Les jeunes Lusitaniens, qui n'avoient que du courage au lieu de fortune, se réunissoient sur des montagnes escarpées, & après s'être plaint en commun de l'injustice du sort, ils parcouroient de là toute l'Ibérie, & s'enrichissoient par leurs rapines (1).

On voit, dans tous les tems & dans tous les pays, de ces hordes de brigands, & comme s'ils vouloient expier leurs crimes, ils ont sur ce qu'ils appellent *l'honneur & la vertu*, des sentimens plus élevés que les autres hommes. On peut lire le Voyage de M. Brydone, sur les bandits de la Sicile.

Leurs associations prirent une forme de gouvernement, & il y a eu véritablement des républiques de voleurs. L'Europe en étoit remplie sous le gouvernement féodal : celle des montagnards d'Écosse, qui est une des plus célèbres, subsistoit il n'y a pas quarante ans.

Les chefs de ces voleurs avoient des officiers particuliers, & divers départemens.

On délibéroit dans un conseil général, sur les

---

(1) Diod. de Sic.

expéditions ; mais les voix des chefs étoient toujours décisives.

Ils jugeoient eux-mêmes les affaires criminelles, & leurs représentans terminoient les procès
civils.

Quand les chefs se disputoient entr'eux, &
qu'ils ne vouloient pas s'attaquer ouvertement,
ils avoient tous des brigands particuliers qui les
vengeoient en secret ; mais ces guerres intestines
étoient rares.

Il ne faut pas croire que ce fussent des brigands épars. Sir Ewin Cameron, fameux capitaine de la bande, résista long-tems à Cromwell.

Le célebre Mac Gregor fit une science du
vol, & donna une nouvelle forme à la république. Il imagina d'envoyer ses sujets dans les
terres voisines ; ils extorquoient la rente des
fermiers, & leur accordoient des *récépissés* au
nom des propriétaires.

Un fils de sir Ewin Cameron, perfectionna ce
systême. Le chef ne marcha plus à la tête des
expéditions. Il donnoit ses ordres aux petits voleurs ; ceux ci obéissoient, & à leur retour, ils
déposoient dans le magasin général, ce qu'ils
avoient dérobé.

Les plus intriguans imaginerent qu'ils pouvoient avoir aussi des voleurs subalternes à leur

folde , & ils prirent des commis ou domestiques qui alloient piller pour eux.

Ce fils de fir Ewin Cameron fe croyoit un véritable fouverain. Il établit des impôts qu'on levoit en forme , & on étoit à l'abri des vexations, après les avoir payés. Il inventa la taxe *black meal*, qui fe percevoit avec autant de régularité, que dans les autres gouvernemens.

Il prenoit de bonne foi le titre de bienfaiteur du public & de confervateur de la tranquillité générale. Il avoit mis fur fon armure & fur fon fabre, cette infcription :

Hæ tibi erunt artes , pacis componere mores ,
Parcere fubjectis , & debellare fuperbos.

Comment les autres brigands n'auroient-ils pas eu l'efprit de leur état ? Le vol leur étoit fi familier, qu'ils s'acquittoient fcrupuleufement de ce devoir de leur profeffion. Lorfqu'ils alloient dévafter les grands chemins , ils prioient le ciel, avec ferveur , de les aider de fon fecours. » Seigneur , bouleverfez le monde, difoient-ils tous les jours, pour que les Chrétiens trouvent un moyen de pourvoir à leur fubfiftance. «

Les grands exploits de vol paffoient pour de l'héroïfme, & on obtenoit alors des marques de diftinction.

Manquer de fidélité , étoit pour eux le plus

énorme de tous les crimes : ils le puniſſoient d'une peine capitale.

Ils traitoient avec hoſpitalité tous les étrangers , & ils reſpectoient celui qui ſe confioit à la troupe. Deux de ces voleurs mirent le Prétendant ſous leur protection : ils alloient voler pour ſon entretien ; & même ils pillerent les officiers généraux de l'armée Angloiſe , afin de lui fournir du linge (1).

Des rêveurs attaquerent la propriété par d'autres raiſons. Suivant les Apoctatiques (2) il faut renoncer aux biens du monde ; & ceux qui n'y renoncent pas ſont des réprouvés.

Les Meſſaliens ſe crurent obligés de vendre leurs biens , de les donner aux pauvres , & de vivre dans la plus parfaite oiſiveté (3).

---

(1) Pennant, *Voyage to the Hebrides.*
(2) Branche d'Encratites. Voyez l'Hiſt. Eccléſ.
(3) Voyez l'Hiſt. Eccléſ.

CHAPITRE III.

Amis dans le commencement des sociétés.

CHAQUE sauvage d'une bourgade sent qu'il est foible; & s'il peut espérer du secours en cas d'une attaque générale, il en a besoin d'ailleurs pour les disputes particulières : & de-là vient l'usage de se choisir un ami.

L'homme isolé cherche alors un appui : sa compagne n'est pour lui qu'un fardeau, & il se lie avec un autre homme.

Celui qui n'est pas marié a besoin d'un ami, surtout lorsqu'il est malade : les autres, embarrassés de pourvoir à leur propre subsistance, n'ont point de commisération. Les Negres de la Côte d'Or abandonnent les malades : on dit même que les femmes & les enfans, s'enfuient loin de leurs maris & de leurs peres ; que cette désertion n'est pas regardée comme une faute : l'amitié paroît plus sacrée que les liens de la nature, & les *amis* prodiguent des secours que refuse la piété filiale (1).

La débauche forme ailleurs ces liaisons, ou,

____

(1) Voyage de Desmarchais . t. I.

du

du moins, elle en est la suite, & l'on se trouve alors engagé par le besoin, par les plaisirs & par l'habitude.

Les cérémonies dont on accompagne le choix d'un ami, sont souvent singulieres ; mais elles ont toujours quelque chose de touchant. Ces engagemens deviennent sacrés, & ceux qui les contractent, se donnent des témoignages d'affection qu'on a peine à concevoir, depuis que le sentiment de l'amitié s'est perdu. La plupart des Indiens de l'Amérique septentrionale s'attachent à un de leurs camarades par des nœuds indissolubles ; & ils s'exposent aux plus grands dangers, pour s'aider & se secourir mutuellement. Ils comptent se rejoindre dans l'autre monde, & ne plus se quitter ; & le besoin qu'ils ont l'un de l'autre, leur semble *éternel*. Ils s'invoquent même comme des génies tutélaires, lorsqu'ils sont en différens lieux (1) ; & cette passion, qui devient charnelle, prend chez les jeunes gens le caractere de l'héroïsme.

Si deux Jakutes amis, sont obligés de se séparer, les adieux se font au milieu d'un bois. Celui qui reste, monte sur un arbre, dont il abbat les branches. C'est la plus grande marque

____

(1) Mœurs des Sauvages Américains.

Tome III. B

d'amitié qu'il puisse donner à l'autre, & il se glorifie de cette belle action (1).

Un Scythe cherchoit un compatriote courageux pour son ami, & dès qu'il le trouvoit, il lui faisoit sa cour, comme à une fille qu'on veut épouser. Le même homme avoit souvent à choisir entre plusieurs prétendans; & celui qui montroit de l'intrépidité ou de la grandeur d'âme, se voyoit entouré d'adorateurs. Voici quel étoit le sceau de ces unions. Les deux amis se piquoient les doigts; ils laissoient couler leur sang en même tems & dans la même coupe; après y avoir trempé la pointe de leurs cimeterres, ils buvoient ce qui restoit, & ils juroient de *vivre enfemble, & de mourir l'un pour l'autre*. On mettoit au rang des femmes publiques, les hommes qui avoient plus de deux amis (2).

Les insulaires de Mindanao imaginent qu'on se choisit ainsi des amis dans toutes les contrées; & dès qu'il arrive des étrangers sur la côte, ils vont leur demander s'ils ont besoin d'un *camarade*. Ce *camarade* les nourrit, les couche chez lui, se bat pour eux; & s'il n'en

____

(1) Voyage de Gmelin.

(2) Hist. anc. des peuples de l'Europe, t. V. Lucien, t. II.

recevoit rien, on croiroit qu'il les aime tendrement (1).

Ces ufages ne peuvent guères fubfifter, lorfque les fociétés ont pris de l'accroiffement, mais
on veut en conferver des veftiges. Blas Valera
dit que la loi de *fraternité* obligeoit les Péruviens à s'aider mutuellement, à labourer, à fe-
mer, à récolter, à bâtir leurs maifons, &c. (2) —
Il eft probable qu'on la fit, lorfque les habitans
du Pérou commençoient à fe raffembler.

En étudiant l'hiftoire des nations, on voit
que l'amitié s'affoiblit, à mefure que les peuples
deviennent plus polis. On retrouve, en effet,
dans les mœurs de nos bons ayeux, une naïveté
intéreffante. Les *amis* couchoient alors enfemble.
On voit que Richard cœur de lion & Philippe-
Augufte couchoient dans le même lit (3). Au
fiécle dernier, c'étoit encore la coutume de
coucher avec fon ami; & même la pureté du lit
nuptial ne s'effarouchoit point de l'approche
d'un étranger. Louis XIII alloit fouvent coucher avec le connétable; & quoiqu'amoureux
de la femme de fon ami, il s'endormoit tran-

---

(1) Voyage de Gemelli Carreri.
(2) *Sketches of the hiftory of Man.*
(3) Traité de l'opinion.

quillement fur le même chevet, *fans idées &*
fans defirs (1).

Préfens. L'ufage des préfens fi répandus dans les premiers tems , a la même origine, & voilà pourquoi dans bien des contrées, il eft honteux de
les refufer : les mœurs & les idées changent par
la fuite ; la fierté & l'orgueil dédaignent ces
préfens , & alors on rougit de les recevoir.

Chez les Odryfes, peuple de Thrace , on
n'ofoit pas les refufer : les Grecs avoient les
mêmes idées au tems de la guerre de Troye :
Ulyffe demandoit fans façon les préfens d'hofpi-
talité, & il fe vantoit même de les demander (2).

Les préfens paffoient pour des marques d'attachement & d'amitié : les chefs voulurent en
recevoir de leurs fujets, & fans les exiger , ils
acceptoient tous ceux qu'on leur offroit. Ainfi,
l'on n'aborde les capitaines de plufieurs fauvages,
qu'un préfent à la main. Les Germains en particulier & en corps , faifoient à leurs princes des
dons qu'ils étoient obligés par honneur de ne pas
renvoyer (3).

Bientôt ils les exigerent , & ce ne furent plus

____

(1) Effais hiftoriques fur Paris.
(2) Hift. anc. des peuples de l'Europe , t. 1.
(3) Tacit. *de Morib. Germ.*

que des impôts; car les peuples, accablés d'ailleurs, ne penſoient pas à en faire de bon gré. On continua de les appeller des *préſens*, parce que les noms en impoſent aux hommes, & même les princes *ſtipulerent* dans les traités de paix, qu'on leur donneroit de ces *préſens*.

La plupart des Negres ne peuvent aller à la cour de leurs chefs, qu'avec des préſens; & il y a des cantons où chaque ſujet eſt contraint d'apporter au pied du trône, un don, qu'on laiſſe à ſon choix.

Les princes faſtueux de l'Orient, malgré leur fierté & leur richeſſe, les extorquent ſans honte. Gama pria deux officiers de la cour, d'examiner celui qu'il deſtinoit au Samorin de Calicut. Les officiers ſourirent en voyant quatre pieces d'écarlate, ſix chapeaux, quatre branches de corail, du cuivre, une caiſſe de ſucre, deux barils d'huile & deux de miel; ils lui dirent: » Ce préſent n'eſt pas digne du Samorin; un pauvre marchand en fait de plus riche, & le prince n'en reçoit point qui ne ſoit d'or, ou de quelque matiere précieuſe (1). «

Les petits ſeigneurs imiterent bientôt les ſouverains : les anciennes charges impoſoient l'obli-

---

(1) Prevôt, t. 1.

gation de faire des préfens & des étrennes à *fon feigneur* (1). Il y avoit des hommes qui examinoient avec foin, fi ces préfens étoient bien conditionnés, ou, comme dit la loi romaine, s'ils étoient *dignes d'être approuvés* (2).

CHAPITRE IV.

Propreté.

ON lave fon corps, pour qu'il ne caufe point de dégoût aux autres ni à foi-même; mais les fauvages, dont l'odorat n'eft pas affez perfectionné, ne fentent rien, & ils recherchent plutôt des parures groffieres, que la propreté, parce qu'elle tient à une délicateffe d'organes, qu'ils ne connoiffent pas encore. Ils font à cet égard comme les animaux : excepté les caftors & les chats, qui ont l'odorat très fin, les autres fe roulent dans toutes les ordures, fans s'en appercevoir.

La faleté eft alors l'état naturel de l'homme: il eft couvert de pouffiere, de pluie & de peaux

---

(1) Cod. Theod. lib. 6. Tit. 35. liv. 3.
(2) Ann. 803. cap. 3.

qui ne font pas tannées ; il fe couche fur l'herbe
& fur la terre ; il porte à fa bouche des corps
huileux , & il ne fait pas qu'il y a des moyens
d'enlever les ordures. Cet état dure quelquefois
très-long-tems , furtout fi la nation trouve avec
peine fa fubfiftance. Ceci dépend plus particulierement de la fineffe des organes , puifque deux
peuplades , dans la même pofition , ne font pas
également fales.

La propreté ne fuit pas toujours le degré de
civilifation ; car les Kamtchadales & les Tartares ne lavent jamais ni leurs plats , ni leurs pots ,
ni leurs mains , ni leur vifage (1).

La fuperftition confacre la faleté , parce
qu'elle favorife la pareffe & l'habitude. Les Tartares maltraitent ceux qui lavent leurs habits :
Dieu , difent-ils , eft irrité contr'eux , & il fait
gronder fon tonnerre , lorfqu'il voit des habits
qu'on a fufpendu pour les fecher (2).

Cette habitude devient fi invétérée que les
chefs des empires ne peuvent pas la détruire ;
& ils recourent en effet à des moyens finguliers.
Cortez trouva , dans le palais de Mexico , des
facs bien liés. Ojeda les ouvrit : ils étoient pleins

---

(1) Voyage de Rubruquis , & Rel. de Plan Carpin.
(2) *Ibid.*

B iv

de poux. Pour délivrer son peuple de la ver-
mine, qui le dévoroit, l'empereur avoit imaginé d'imposer un tribut d'une certaine quantité
de poux (1), & Garcilasso dit que les Péruviens étoient aussi contraints d'en livrer annuel-
lement un cornet aux Incas.

Lorsque les peuples commencent à aimer la
propreté, ils employent des expédiens qui semblent au premier coup d'œil, les éloigner de
leur but. L'urine dégraisse un corps mieux que
l'eau, elle en ôte mieux la croute & les ordures,
& les premieres peuplades s'en servent communément pour se laver. Sans rappeller ce qu'on
a dit tant de fois des Hottentots, la plupart des
sauvages habitans des îles, se lavent ainsi les
grands jours de fête.

Il paroît même que cette odeur leur est agréable : les hommes, chez les Samoïedes Soegt-
fies, se lavent avec l'eau de leurs femmes, &
celles-ci avec l'eau de leurs maris. Après s'être
lavé dans l'urine, les Groënlandoises croient
exhaler une odeur suave : c'est leur eau de sen-
teur, & quand une fille s'est ainsi parfumée,
on dit : *Elle sent la demoiselle* (2).

---

(1) Herrera Decad. 2. l. 8. ch. 5.
(2) Rel. de M. Crantz.

Les Celtiberiens fe lavoient toutes les parties du corps d'urine, fans exception, & ils s'en frottoient même les dents (1).

On prend peu-à-peu de l'averfion pour la faleté : les ufages abfurdes ou cruels s'introduifent, & la fuperftition crée d'ailleurs, mille préjugés fur les befoins naturels.

Après qu'on a fatisfait ces befoins, c'eft une abomination à Ceylan de ne pas laver fes mains (2).

Les vents & les rots paffent chez les Negres de la Côte d'Or, pour une très-grande indécence, & ils meurent plutôt que de la commettre volontairement (3).

Les infulaires des Marianes crachent rarement, & jamais fans beaucoup de précautions; mais ils ne crachent en aucun tems devant la maifon d'un autre, ni le matin (4).

Il eft honteux à un Maroquin d'uriner debout, & celui qui le fait, eft privé du droit de témoigner en juftice (5).

---

(1) Diod. de Sic. l. 5. ch. 22.
(2) Voyage de Knox.
(3) Prevôt, t. 4.
(4) Hift. des Ifles Marianes.
(5) Saint-Olon, Braithwait.

Le Tartare qui piſſoit jadis dans ſa maiſon, étoit impitoyablement mis à mort ; & il falloit que les malades qui ne pouvoient pas en ſortir, employaſſent bien des purifications (1).

On dit qu'en Egypte les hommes urinoient accroupis, & les femmes debout. Les ſauvages de la baye d'Hudſon & les Amboiniens ajoutent même que l'uſage contraire ne convient qu'à des chiens. — Il eſt aiſé de concevoir que les hommes s'accroupiſſent pour cacher une choſe ſale ; mais pourquoi les Egyptiennes ſe tenoient-elles debout ? S'il faut aſſigner à cette habitude une cauſe raiſonnable, on obſervera que le canal de l'urétre eſt beaucoup moins long dans la femme, que dans l'homme ; qu'il s'épanche aiſément & ſans effort ; que les hommes, d'ailleurs, ſont ſouvent obligés de comprimer la veſſie, & l'accroupiſſement eſt alors une poſition favorable.

Les Azanaghis, Negres de la Côte d'Arguim, regardent le nez & la bouche comme des canaux fort ſales : ils les cachent ſoigneuſement avec un mouchoir, comme on cache ailleurs d'autres parties du corps (2).

----

(1) *Boëmus*, *Mores Gentium.*
(2) Voyage de Cadamoſto.

Quelques Maures du désert ne mangent que de la main droite ; & ils ne lavent jamais que la gauche, qu'ils réservent pour d'autres exercices (1).

C'est une indécence au Malabar, de toucher en buvant le vase avec ses levres : les Portugais admis à l'audience du Samorin, furent obligés de se conformer à cet usage : les uns tousserent beaucoup, les autres répandirent sur leurs habits, une partie de la liqueur ; ce qui amusa toute la cour (2).

Les préjugés viennent aussi consacrer la propreté, & alors, il n'y a plus rien de vil, de tout ce qui peut y concourir. La loi oblige les Mahométans à prier cinq fois par jour, & à se laver auparavant les mains, les bras, les oreilles, les narines, &c. *le derriere & les parties naturelles* (3).

Les nobles des Maldives se font un honneur de raser les rois & les seigneurs principaux de la cour ; & la plupart des insulaires vont se raser à la porte des mosquées (4).

---

(1) Voyage de Brue.

(2) Prevôt, t. 1. Voyez au premier livre l'origine de cet usage.

(3) Boëmus, *Mores Gentium.*

(4) Voyage de Pyrard.

CHAPITRE V.

Manieres de s'aborder, de se saluer. Révérences. Complimens.

Dès qu'on s'aborde d'une maniere amicale, & qu'on montre de l'empreſſement & de la joie, il importe peu qu'on remue telle partie du corps, ou qu'on faſſe telle cérémonie. Il doit y avoir en ceci un grand nombre d'uſages différens. Chaque peuple dit qu'il ſuit les plus raiſonnables, mais ils ſont preſque tous également ſimples, & il ne faut pas les traiter de ridicules.

Cette multitude infinie de coutumes peut ſe rapporter aux révérences ou ſalutations, & à l'attouchement de quelque partie du corps. Il paroît que c'eſt un mouvement naturel de ſe baiſſer & de ſe proſterner, lorſqu'on éprouve un ſentiment de reſpect; car les peuples épouvantés ſe jettent tous à terre ou à genoux, pour adorer les êtres inviſibles. L'attouchement affectueux de la perſonne qu'on ſalue, eſt une expreſſion de la tendreſſe.

Les ſimagrées & les farces ne tardent pas à s'introduire; & on en fait davantage, à meſure que les nations s'éloignent plus de la ſimplicité,

La superstition, les mœurs d'un peuple, sa position, influent aussi sur les manieres de se saluer; & l'on verra aisément tous ces rapports.

Ces manieres de saluer ont quelquefois des caracteres différens, & il est assez intéressant d'en examiner les nuances. Plusieurs annoncent un raffinement de délicatesse, & d'autres sont remarquables par la naïveté ou par une sensibilité exquise. En général, cependant, elles sont souvent les mêmes dans l'enfance des nations & dans les sociétés plus policées. Le respect, l'humilité, le néant & la crainte, s'expriment à-peu-près de la même façon, car c'est une suite de l'organisation du corps.

Bientôt ces démonstrations ne sont plus qu'une vaine politesse qui ne signifie rien : on dira ce qu'elles furent d'abord, sans s'embarrasser de ce qu'elles sont devenues.

Les premieres peuplades ne s'abordent pas d'une maniere particuliere; elles ne connoissent ni les révérences, ni les salutations, ou elles les méprisent & les dédaignent. Les Groënlandois rient en voyant un Européen qui se tient debout, & la tête découverte, & qui courbe son corps, devant celui qu'il appelle son supérieur (1).

____

(1) Rel. de Crantz.

On va rapporter ce qu'il y a de plus piquant chez les différens peuples, mais on sera contraint d'en élaguer une grande partie.

Les insulaires de Lamurec près les Philippines (1), & les habitans des Palaos (2), prennent la main ou le pied (3) de celui qu'ils saluent, & s'en frottent doucement le visage.

Les insulaires de Socotora se saluent en se baisant l'épaule, & ceux de Horne se couchent alors le ventre contre terre (4). Les habitans des Marianes passent la main sur l'estomac de celui qu'ils veulent honorer (5); & les Ethiopiens se prennent la main droite, qu'ils portent à leur bouche (6).

Les Lapons appliquent fortement leur nez contre celui de la personne qu'ils veulent saluer; & les Ayenis lui soufflent dans l'oreille, en frottant doucement son estomac avec la main (7). Dampierre dit que les insulaires de la nouvelle Guinée se contentent de mettre sur leurs têtes

---

(1) Le Gobien, Lettres édif.
(2) Rel. du P. le Clain.
(3) Suivant qu'ils sont debout ou assis.
(4) Voyages de Le Maire & de Schouten.
(5) Hist. des isles Marianes.
(6) Lettres édif. Rec. 4.
(7) Essais hist. de M. de Saint-Foix.

des feuilles d'arbre, qui ont toujours passé pour des symboles de l'amitié & de la paix; & dans l'une des grandes Cyclades, on se jette de l'eau sur les cheveux, lorsqu'on s'aborde (1).

D'autres salutations sont incommodes & pénibles pour celui qui n'y est pas accoutumé; car elles exigent une souplesse dans les articulations & les membres, que l'exercice seul peut donner. Les insulaires d'une isle du détroit de la Sonde, saluerent Houtman de cette maniere. » Ils lui prirent le pied gauche qu'ils passerent doucement par-dessus la jambe droite jusqu'au genou de notre voyageur, & de là sur son visage, depuis le bas jusqu'au sommet de la tête (2). Les habitans des Philippines plient le corps assez bas, en se mettant une main ou toutes les deux sur les joues, & levant en même tems un pied en l'air avec le genou plié (3). Les peuples d'Arrakan joignent alors les mains au-dessus de la tête, en se courbant.

Un Ethiopien ôte l'écharpe de celui qu'il sa-

___

(1) Second Voyage de Cook.

(2) Voyage d'Houtman. Il y a de l'obscurité dans ce qu'on dit ici, mais il paroît que c'est véritablement le pied du même homme qui va jusqu'à son visage.

(3) Voyage de Gémelli Carréry.

lue ; il l'attache au milieu de son propre corps ; de sorte qu'il le laisse à moirié nud (1).

Cet usage de se déshabiller sen cette occasion, prend d'autres formes. Souvent on se met nud devant les personnes qu'on veut saluer , & cela se conçoit très-bien : on les aborde avec humilité pour montrer qu'on est indigne de paroître en leur présence. Il n'est pas alors question de pudeur. M. Banks reçut la visite d'un chef Otahitien & de deux Otahitiennes, d'un rang distingué. Voici quelles furent les cérémonies de l'entrevue. Après quelques préliminaires , un homme apporta neuf pieces d'étoffe qu'il étendit à terre. Il en posa d'abord trois l'une sur l'autre. L'une de ces femmes releva ses vétemens jusqu'à la ceinture, monta sur les tapis , & en fit trois fois le tour, à pas lents, avec beaucoup de sang-froid , & un air d'innocence & de simplicité qu'il n'est pas possible d'imaginer. Laissant retomber ensuite ses vétemens , elle alla se mettre à sa place. On étendit trois autres pieces , sur lesquelles elle remonta , & fit la même cérémonie. On étendit les trois dernieres , & elle en fit encore le tour pour la troisieme fois, & de la même maniere (2).

____

(1) Lettres édif. Rec. 4.
(2) Voyage de Cook,

Lorsqu'un

Lorsqu'un Otahitien choisit un de ses compatriotes, ou un étranger pour ami, il le revêt de tous ses habits, & il se met nud (1).

Peu-à-peu on ne se déshabille plus en entier, mais on quitte toujours une partie de ses vêtemens. Les insulaires des Philippines ôtent de dessus leur tête le manpuron qui la couvre : ailleurs on ôte son chapeau : les Japonois déchaussent une de leurs pantoufles ; & les peuples d'Arrakan ôtent leurs sandales & leurs bas dans les antichambres. Plusieurs chefs exigèrent ces marques de respect, d'une maniere plus humiliante, comme on l'a dit au Livre cinquieme.

Dans la suite, il paroît servile de se découvrir. Les grands d'Espagne réclament encore le droit de paroître couverts devant le roi, pour montrer qu'ils ne lui sont pas aussi soumis que le reste de la nation, & l'on pourroit observer que les Anglois se découvrent moins que les autres nations de l'Europe.

Enfin, il n'y a pas jusqu'aux peuples qui se tournent le dos en se saluant, comme le dit Montagne, qu'on ne puisse justifier.

Quand on parle des usages des Negres, il faut

---

(1) *Ibid.*

se souvenir qu'ils aiment les farces grossieres, & qu'ils font un badinage de toutes leurs cérémonies.

La plupart prennent le pouce & les doigts qu'ils font craquer (1). Ceux de Sierra-Leona & du Cap Mesurado ne tirent que le pouce & le premier doigt, en criant *akki ô! akki ô!* (2)

Les Mandingos secouent la main entiere ; mais s'ils saluent une femme, ils portent sa main à leur nez, & ils en flairent le revers deux fois (3).

Un envoyé du roi de Dahomay, accompagné de cinq cens soldats, aborda Snelgrave de cette maniere : tous les Negres armés d'épées nues, de targettes, &c. firent des grimaces & des contorsions ridicules ; le capitaine & d'autres officiers s'approcherent des Anglois l'épée à la main, & la secouerent sur leur tête ; ils en appuyerent la pointe sur leur estomac, avec des sauts & des mouvemens frénétiques (4), & prenant ensuite un air grave, l'envoyé leur tendit la main & but à leur santé.

Les Negres du Cap Lopès frappent deux ou

---

(1) Voyage d'Atkins.
(2) Voyage de Philipps.
(3) Voyage de Labat.
(4) Voyage de Snelgradve.

trois fois leurs mains l'une contre l'autre, lorsqu'ils se rencontrent. S'ils veulent saluer les vieillards ou un de leurs supérieurs, ils mettent un genou à terre, & levent les mains à la hauteur de l'épaule; ils les frappent trois fois l'une contre l'autre, & pressent trois fois la droite de la personne qu'ils respectent. S'ils témoignent à quelqu'un une grande affection, ils élevent la main aussi haut que leurs bras peuvent le permettre (1).

Les Négresses de Sierra-Leona courbent le coude & élevent les mains fort près de leur bouche; elles se serrent très-doucement, & se retirent ensuite en faisant une légere inclination (2).

Les femmes de la Côte d'Or portent à leurs cheveux de petits peignes à deux dents; elles les ôtent de la main gauche pour saluer ceux qui les visitent (3). D'autres fois des esclaves apportent de l'eau, de l'huile de palmier & un parfum gras, & elles en frottent leurs hôtes (4).

Si deux Negres d'Ardra veulent se donner de grandes marques de considération & d'amitié,

----

(1) Voyage d'Atkins.
(2) *Ibid.*
(3) Voyage d'Artus.
(4) Bosman.

ils boivent tous deux à la fois dans le même verre (1).

On a dit ailleurs de quelle maniere on aborde les rois Negres ; il faut exposer plus en détail comment on les salue. Les courtisans mettent d'abord un genou à terre, baissent leurs mains, & après avoir touché la jambe du prince, ils se retirent quelques pas en arriere (2).

On se met à genoux & on pose le coude contre terre pour saluer le roi de Quojas (3) ; & en sortant de l'audience de celui de Commendo, on leve les bras, & on joint les mains sur la tête (4).

Les grands de Loango secouent les bras, & font deux ou trois sauts en avant & en arriere ; & ceux qui sont dans les bonnes graces du prince, posent les mains sur ses genoux & la tête sur son sein (5).

Si deux rois Negres se visitent mutuellement, ils s'embrassent en faisant craquer trois fois le doigt du milieu.

Les peuples barbares donnent souvent à leurs

(1) Voyage d'Elbée.
(2) Jobson *Golden trade*.
(3) Dapper.
(4) Bar bot.
(5) Relat. de Battell.

salutations, l'empreinte de leur caractère. Lorsque les habitans de Carmene vouloient bien accueillir un ami, ils s'ouvroient une veine du front, & lui présentoient à boire le sang qui en sortoit (1).

Les Francs s'arrachoient un cheveu, & le présentoient à la personne qu'ils venoient saluer. L'homme qui tomboit dans l'esclavage, coupoit ses cheveux & les offroit à son maître (2).

Enfin, le badinage se mêle quelquefois aux salutations des peuples polis, & l'on voit dans Plaute, qu'on saluoit jadis en se tirant l'oreille (3). En général, cependant, parmi les grandes nations, on courbe le corps, on se serre la main, & l'on s'embrasse. Les Perses autrefois se donnoient un baiser sur la bouche, s'ils étoient égaux en dignité, & sur la joue, si l'un d'eux étoit inférieur à l'autre. Ils se prosternoient à terre en abordant un homme d'un rang très-distingué. Ils faisoient plus de cas de ceux qui vivoient le plus près d'eux, comme si la valeur des hommes étoit en raison inverse de leur distance (4).

____

(1) Athénée, *Deipnoso.* L. 2. ch. 4.
(2) Agathias & Grég. de Tours.
(3) Plaute, *in Poën.*
(4) Hérodote, L. 1.

On n'exposera pas les raffinemens particuliers qu'on trouve en différens pays : ainsi dans le royaume d'Arrakan la politesse veut qu'on ne passe jamais sous un pont de vaisseau, ou dans une chambre basse, lorsqu'il se trouve quelqu'un au-dessus (1).

Ce seroit ici le lieu d'examiner comment la politesse suit les révolutions des empires ; comment elle est basse & rampante dans les pays d'esclavage, & libre & dégagée chez les peuples libres ; comment l'époque de la politesse des Romains fut celle de l'établissement du pouvoir arbitraire (2). Les complimens en usage chez les différens peuples, qui ne sont souvent que ridicules & qui n'ont rien d'intéressant, ne méritent pas davantage de nous arrêter ; car la prétention & l'esprit servile, l'affectation, la grossiereté, la bêtise & le mauvais goût, y percent de tous côtés, & on ne peut pas y penser sérieusement. On ne parlera que des Chinois, qui ont le plus abusé des révérences & qui calculent les avantages politiques de ces puérilités.

Les hommes remuent d'une maniere affectueuse les deux mains collés sur la poitrine, &

---

(1) Voyage de Schouten.
(2) Voyez l'Esprit des Lois, L. 19, ch. 27.

baiſſent un peu la tête, en diſant *Tſin, tſin*. Si on aborde une perſonne qu'on reſpecte, on éleve d'abord les deux mains jointes, & on les baiſſe enſuite juſqu'à terre, en ſe courbant. Si deux perſonnes ſe rejoignent après une longue ſéparation, elles tombent toutes deux à genoux, & baiſſent la tête juſqu'à terre; & elles répetent deux ou trois fois la même cérémonie.

Si l'on demande aux Chinois comment ils ſe portent : ils répondent, *fort bien, graces à votre abondante félicité.* S'ils veulent dire à un homme qu'il ſe porte bien, ils ſe ſervent de ces expreſſions : *la proſpérité eſt peinte ſur votre viſage,* ou *votre air annonce le bonheur.*

S'ils s'apperçoivent qu'on s'empreſſe de leur plaire, la réponſe eſt : *vous êtes prodigues de votre cœur.* Si on leur a rendu quelque ſervice, ils diſent : *mes remercimens doivent être immortels.* S'ils craignent d'avoir interrompu une perſonne occupée, ils diſent : *j'ai commis une grande faute en prenant trop de liberté.* Si on les prévient par quelque politeſſe, ils s'écrient : *je n'oſe, je n'oſe, je n'oſe,* en ſous-entendant *ſouffrir que vous preniez tant de peine en ma faveur.* Si on leur donne quelque louange, ils répondent : *comment oſerai-je me perſuader ce que vous dites de moi.* Si on a dîné chez eux, ils diſent en vous quittant : *Nous* n'avons pas traité N. avec assez de distinction. Ils n'employent jamais dans leurs discours la premiere ni la seconde personne. Au lieu de dire : *Je suis fort sensible au service que vous m'avez rendu,* ils disent : *Le service que le seigneur ou le docteur a rendu au moindre de ses serviteurs, ou de ses écoliers, l'a touché très sensiblement ;* & il est impossible de traduire dans les diverses langues de l'Europe, les différens titres qu'ils se donnent mutuellement.

Il faut observer que toutes ces réponses sont prescrites par le rituel chinois ; qu'il détermine le nombre des révérences, les expressions qu'on doit employer, les génuflexions, & les tours à droite & à gauche qu'on doit faire ; les salutations du maître devant la chaise où l'on va s'asseoir, car il la salue profondément, & en ôte la poussiere avec un pan de sa robe ; & enfin jusqu'aux gestes muets, par lesquels on vous presse d'entrer dans une maison.

Les paysans & les gens du peuple ne manquent pas à toutes ces regles de civilité. Les étrangers eux-mêmes sont obligés d'apprendre d'abord les cérémonies de l'empire, & les ambassadeurs passent quarante jours à les étudier avant de paroître à la cour.

Le tribunal des cérémonies les fait observer

ponctuellement, & il en fort tous les jours des arrêts singuliers. Les Chinois s'y soumettent avec la plus grande exactitude : ils croyent que cette attention à remplir les devoirs de la civilité, dépouille l'ame de fa dureté naturelle, donne de la douceur au caractère, & maintient l'ordre & la fubordination dans l'état (1).

Les marques d'honneur font fouvent arbitraires & dépendent de la convention ; elles peuvent donc être différentes, car tout dépend de la maniere d'envifager les objets. Parmi nous, on eft plus à l'aife affis que debout ; il femble qu'alors on foit en repos, & qu'on ne s'occupe pas beaucoup de ce qui nous entoure : quand on eft debout devant quelqu'un, on eft prêt à marcher au premier ordre ; on fe tient par refpect dans une fituation fatiguante, & il eft de la politeffe de fe lever.

Ailleurs les princes veulent qu'on leur parle affis, & c'eft une faveur de fe tenir debout en leur préfence. Cet ufage appartient fur tout aux pays defpotiques : un defpote fouffre avec peine le port affuré de fes fujets ; il aime à courber

____

(1) Relat. de Magalhaens, & Chine du P. Duhalde, Autrefois les femmes de la Chine faifoient auffi des complimens, mais on ne leur permet plus aujourd'hui que des révérences muettes.

leur corps & leur caractère ; sa présence doit repousser vers la terre ceux qui le voyent ; il ne
veut ni empressement ni attention, mais de la terreur. Ces usages commencent à la cour & se répandent ensuite dans la société.

Il faut remarquer, que dans quelques pays où
c'est une impolitesse de se tenir debout, les hommes ne s'asséyent pas ordinairement ; & alors on
ne se met plus à son aise en s'asséyant. Cette derniere position est un état de contrainte & de
douleur ; & les Romains ne mangeoient assis que
dans les deuils & les grandes calamités. Ce qu'on
va rapporter n'a donc rien de surprenant.

Les courtisans sont assis devant l'empereur du
Monomotapa ; les Arabes, les Portugais & quelques favoris jouissent seuls du privilége de paroître debout (1).

A la cour de Ternate, c'est la plus grande de
toutes les distinctions de pouvoir se lever (2) ;
& à Siam, il est plus honorable d'être debout
qu'assis (3).

L'usage de paroître couvert de haillons devant
les princes & devant ses supérieurs, a la même
origine.

___

(1) Marmol, l. 5.
(2) Traité de l'Opinion, t. 6.
(3) Relat. de la Loubere.

Les conventions & le hafard femblent avoir déterminé si la droite ou la gauche font des places d'honneur, & il n'eft pas étonnant que ce préjugé varie chez les différens peuples. Voici une conjecture. Il eft naturel que la droite foit une place d'honneur pour ceux qui fe fervent habituellement de la main droite, & que ce foit, au contraire la gauche, dans les pays où l'on fe fert habituellement de la gauche; & chez des Ambidextres toutes ces places devroient être indifférentes. On prend auprès de la perfonne qu'on refpecte la pofition où l'on peut plus aifément la fecourir, obéir à fes ordres, & employer la main à lui offrir ce qu'elle défire.

La droite eft communément la place d'honneur, parce que la plupart des peuples fe fervent habituellement de la main droite, & un gaucher ne pouvant plus fuivre fa commodité particuliere, eft obligé d'imiter l'exemple des autres.

Lors même qu'il s'établiroit des coutumes univerfelles qui démentiroient ce principe, une explication n'a pas befoin de rendre raifon de tous les détails. Ainfi la gauche eft réputée la place d'honneur dans prefque toutes les parties de l'Orient, & fur-tout parmi les peuples de la Tartarie qui fuivent la religion de Maho-

met (1). — On voudroit favoir fi les Orientaux ne font pas plus fouvent gauchers que nous,
& fi leur parure, leurs vêtemens, leurs exercices,
&c. &c. ne demandent pas l'ufage de la main
gauche plutôt que de la droite.

CHAPITRE VI.

Ufages particuliers de quelques peuples dans la fociété.

LE but de ce chapitre eft de peindre par des
traits les ufages domeftiques des différens pays ;
& c'eft la feule maniere de faire connoître ce
qui s'y paffe , lorfqu'on ne les a pas vus foi-
même.

Comme c'eft auprès des chefs & des princes
qu'il faut fur-tout étudier ces ufages, on renvoie
au Livre cinquieme, où l'on en parle fort au
long ; & l'ouvrage entier étant deftiné à faire
connoître l'homme par les mœurs & les coutumes des diverfes nations , ce Livre des ufages
domeftiques eft intimément lié avec tous les autres. Il reftera peu d'explications à donner ici.

---

(1) Hift. des Turcs & des Mongols , &c.

Les peuples d'Afie, au lieu de s'affeoir comme nous, fe couchent fur des tapis & des carreaux, & cette maniere eft plus naturelle ; mais elle n'eft pas fi commode pour fe lever. Les Japonois, & plufieurs autres, fe revêtent de leurs habits de cérémonie dans la maifon, & ils les quittent en fortant (1).

On fufpend dans le palais de quelques rois de Guinée, en forme de portraits ou d'ornemens, les têtes des bœufs que le roi a fait tuer pour les feftins royaux, & on orne ces têtes de fétiches (2).

Lorfqu'un feigneur Madagafcarois reçoit la vifite d'un autre, il offre à l'étranger celle de fes femmes pour laquelle il marque le plus de goût, & ce feroit une impoliteffe de ne pas s'en fervir (3).

Les femmes de Loango ont fans ceffe de longues pipes à la bouche : celle qui laiffe prendre la fienne par un homme, & qui lui permet de fumer un moment, lui donne des droits fur elle & s'engage à lui accorder fes faveurs (4).

---

(1) Charlevoix & Rel. de Sarris.
(2) Rel. d'Artus dans la Coll. de Bry.
(3) Rel. de Rennefort.
(4) Rel. d'Ogilby & de Merolla.

Les femmes les plus distinguées fument à Carthagene dès l'enfance ; c'est une grande marque d'estime & d'amitié d'allumer du tabac & de l'offrir aux hommes (1).

Sous Henri III, & même long-tems après, les bilboquets étoient à la mode dans toutes les visites. Chacun portoit le sien, & on s'attachoit à mettre les boules dans l'écuelle ou sur la pointe (2). Cet exercice interrompoit souvent les conversations (3).

A Siam & dans le royaume de Laos, les parens & les amis se lavent mutuellement à la pleine lune du cinquieme mois. Les Talapoins lavent leurs idoles, & le peuple lave les Sancrats & les Talapoins : les enfans lavent leur pere sans aucun égard pour le sexe ; & on va laver le roi de Laos lui-même dans une riviere (4).

On est obligé au Tonquin d'éviter, dans les conversations, les sujets tristes, & de mettre de la gaité dans tous les discours. On visite rarement les malades, & lorsqu'on les voit sur le point de mourir, ce seroit une offense de les en

---

(1) Prevost, t. 13.

(2) Traité de l'Opinion, t. 6.

(3) On trouvera plus bas un chapitre particulier sur les amusemens & les plaisirs.

(4) Relat. de la Loubere.

avertir. La plupart quittent en effet la vie sans faire de testament, ce qui donne lieu à des procès continuels. Si l'on remarque à l'air du visage, que quelqu'un soit indisposé, on ne lui demande point s'il est malade, mais combien de tasses de riz il mange à chaque repas, & s'il a bon appétit (1).

Les usages domestiques (2) qu'imagina la superstition, font infinis. Les Passalorynchites croyoient qu'il faut, pour être sauvé, garder un silence perpétuel, & ils tenoient toujours un doigt sur la bouche (3). Les Anthiasistes regardoient le travail comme un crime, & passoient leur vie à dormir (4); & les Déchaussés disoient qu'on ne peut aller en paradis, sans marcher nuds pieds (5).

Il seroit peut-être intéressant de parler des mystères, & de tout ce qu'on inventa pour gouverner les peuples ; mais on ne rapportera que la confession des Japonois. Il y a sur les côtes du Japon des rochers d'une grandeur extraordi-

---

(1) Relat. de Baron dans Churchill.

(2) On rapporte quelques autres usages au chapitre de l'insociabilité des peuples, Livre septieme.

(3) Voyez l'Hist. Ecclés.

(4) Voyez Philastrias, & l'Hist. Ecclés.

(5) Aug. *de Hær.* 68.

naire, qui s'avancent en saillie. On plaçoit autrefois au sommet de l'un d'eux, une longue poûtre
de fer, garnie de crans, montée sur un pied, &
à son extrémité, on suspendoit une balance. Pat
un méchanisme, semblable à celui du *cri*, la
poûtre se poussoit plus ou moins au-dessus de la
mer ; ce qui éloignoit plus ou moins la balance
des bords du rocher. On plaçoit dans un des
bassins l'homme dont on exigeoit la confession ;
on obligeoit ce malheureux de révéler ses péchés
devant tout le monde, & à mesure qu'il en
avouoit un, on mettoit une pierre dans le bassin
vuide, pour le rapprocher de l'équilibre, & s'il
ne parloit pas au gré des prêtres, on le versoit,
par un soubresaut, dans les flots (1).

----

(1) Coll. de Bry, tome 12 des grands Voyages, où l'on
trouve une figure qui représente le méchanisme de cette
machine.

CHAPITRE

CHAPITRE VII.

Amusemens. Plaisirs. Musique.

La vie est insipide & monotone ; on essaye de se distraire par quelques amusemens ; & l'homme a un goût si vif pour le plaisir, que, dès les premiers tems, les fêtes grossieres & barbares lui sont absolument nécessaires. Les Iroquois en célebrent chaque année une fameuse, qu'ils appellent *la Folie* : ils se masquent, se défigurent, sautent, bondissent, renversent & cassent tout ce qu'ils trouvent, & l'on ne manque pas d'accomplir régulierement cette belle cérémonie (1). Comme tous les peuples se ressemblent, il faut rappeller ici la *fête de l'Ane* & celle *des Foux*, dont on a tant parlé.

Les Sauvages des pays froids sont très-embarrassés de passer l'hyver : ceux de la nouvelle France font des mascarades continuelles ; ils vont mutuellement dans leurs cabanes demander les meubles, instrumens & alimens qu'ils désirent : ils s'en retournent ensuite chantant, *un tel m'a*

(1) Voyage de la Potherie.

donné cela ; & si on ne leur donne rien, ils se fâchent & disent des injures (1).

Chasses. Ceux que le soin de leur subsistance occupe sans cesse, n'ayant pas d'autre moyen de goûter des plaisirs, font de la chasse un amusement : les Indiens de la Floride se couvrent de peaux de cerfs ; le chasseur voit par les yeux de la peau, comme à travers un masque, & il attire ainsi les cerfs qu'il tue bientôt à coups de fleches (2). D'autres fois il guette sur le bord des rivieres l'arrivée des crocodiles, & s'il en voit un, il appelle dix ou douze camarades qui s'avancent hardiment, avec une longue poûtre qu'ils enfoncent dans sa gueule & ses entrailles, & après l'avoir tué à coups de massue, ils dansent autour de la bête (3).

Les préliminaires de la chasse de l'ours, chez les Lapons, sont très-curieux ; & dès qu'on l'a tué, on félicite par des chants l'animal de son arrivée ; on le remercie de ce qu'il n'a fait aucun mal aux chasseurs ; on le conjure de ne point se venger sur ceux qui l'ont tué ; on le fouette avec des verges, & on va l'écorcher dans une cabane qui

---

(1) Voyage de Champlain.
(2) Relat. de la Laudonniere, & Coll. de Bry.
(3) *Ibid.*

est conſtruite à deſſein. On s'abſtient pendant un an de ſe ſervir du renne, attelé au traîneau qui l'amene à la bourgade. Les femmes broyent de l'écorce d'aulne entre leurs dents, & la crachent au nez de leurs maris, pour eſſuyer leur viſage couvert du ſang de la bête. Les chaſſeurs paſſent trois jours ſans approcher de leurs épouſes ; prenant enſuite d'une main la chaîne où l'on pend les chaudieres, ils ſautent trois fois autour du feu : les femmes leur jettent alors des cendres, & les purifient par des luſtrations.

Les Oſtiakes font la même chaſſe en troupe & armés d'un long couteau. Dès qu'ils ont tué l'ours, ils lui coupent la tête, & après l'avoir cloué à un arbre ; ils ſe proſternent & danſent devant l'animal. Ils lui demandent : *Qui t'a ôté la vie ? Ce ſont les Ruſſes*, répondent-ils auſſi-tôt. — *Qui t'a coupé la tête ? C'eſt la hache d'un Ruſſe.* — *Qui t'a ouvert le ventre ? C'eſt le couteau d'un Ruſſe.* Enfin ils attribuent tout aux Ruſſes.

Les grandes chaſſes des Hottentots forment un ſpectacle guerrier, & un exercice de bravoure & de courage. Tous les habitans de la bourgade ſortent enſemble pour tuer une bête féroce. Ils l'environnent & l'attaquent avec leurs zagayes : ils ménagent ſi bien leurs coups que l'un ou l'autre frappent ſans ceſſe l'animal par derriere, tandis qu'il se tourne vers l'un en particulier, & qu'il tombe couvert de blessures, avant de distinguer ceux qui le blessent. Il s'élance quelquefois si impétueusement que l'on tremble pour les chasseurs, mais dans un clin d'œil, ils échappent au danger. La bête rugit, écume, & se roule en vain par terre, de fureur; les Hottentots se garantissent de ses griffes & de ses morsures, & l'on ne peut, dit Kolben, contempler un pareil spectacle sans admiration. Enfin les accidens, qui arrivent assez souvent, ne diminuent par leur intrépidité. Si l'animal s'enfuit, ils le suivent à quelque distance; & comme leurs fléches sont empoisonnées, ils emportent bientôt sa peau pour fruit de leur victoire.

Jeux. Les premiers jeux sont grossiers, puériles & même fatiguans; car alors on aime l'exercice & l'agitation violente. Les habitans de Bantam jouent à la paume, en ne chassant la balle qu'avec les pieds (1).

Les Mexicains se servoient d'une pelotte composée de la gomme d'un arbre, & qui voloit aussi légerement qu'un balon. Un des joueurs la dirigeoit contre un but, & l'autre empêchoit qu'elle

---

(1) Coll. de Bry, à la fin de la cinquieme partie des petits Voyages.

n'en approchât : ils ne la pouſſoient qu'avec les feſſes & les hanches ſur leſquelles ils appliquoient un cuir bien tendu pour la faire mieux rebondir. Ils regardoient entre les cuiſſes ou de côté , & ils ſe préſentoient enſuite mutuellement le derriere pour la renvoyer. Les Indiens jouoient de l'or, des tapis , des plumes , & ſouvent même leur perſonne. Celui qui mettoit la pelotte dans un petit trou , remportoit d'ailleurs une victoire extraordinaire ; & pour prix de ſon adreſſe , un ancien uſage le rendoit maître des robes de tous les ſpectateurs : mais celui qui ne l'y plaçoit que par haſard, devoit une offrande à l'idole du tripot (1).

Les jeux de ſeul intérêt excitent mieux les paſſions ; ils agitent l'ame par l'eſpérance & la crainte, & ils plaiſent encore davantage. L'abus ne tarde pas à devenir extrême, & l'on eſſaye en vain de le réprimer par des lois. On défend aux Negres de Juida de jouer leurs femmes, leurs enfans, & leur propre perſonne ; mais ils ne s'embarraſſent pas de la prohibition (2). Les conſtitutions de Sicile & d'autres ordonnances déclarent infâmes & incapables de ſervir de té-

____

(1) Herrera.
(2) Boſman.

moins, ou d'exercer aucun emploi, les joueurs de profession & ceux qui donnent à jouer (1); mais ces réglemens furent inutiles.

Musique.
Danse.

L'ame du Sauvage le plus actif est dans la torpeur & l'engourdissement, & il essaye de l'en tirer par la musique & la danse. L'homme recherche toutes les agitations violentes, & il a besoin d'être remué fortement. Certains fanatiques de l'ancienne Egypte se frottoient les yeux avec une drogue pour avoir des visions & des extases, & les Scythes s'en procuroient jadis en se balançant sur une planche suspendue, ou en tournant avec vîtesse vers le même côté : il subsiste encore des traces remarquables de cet usage parmi les Turcs (2).

La danse & la musique des différens peuples ne doivent pas nous arrêter. La flûte des insulaires d'Otahiti n'a que deux trous ; tandis qu'ils soufflent dans l'un avec le nez, ils bouchent l'autre avec le pouce (3). La plupart des instrumens de musique des Negres (4) ne sont pas moins

---

(1) *Constitutionum Sicularum*, Lib. 3.

(2) Recherches philos. sur les Egyptiens, t. 1.

(3) Voyage de Cook.

(4) L'abbé Prevôt, tome 3, donne la description de quelques-uns de ces instrumens.

grossiers : cependant ils aiment si passionnément la danse, qu'en chaque canton, on célebre toutes les années des Folgars. Ils s'y rendent de toutes les parties du pays. Ils passent le jour entier & une partie de la nuit à sauter (1). Les habitans des villes & des villages se rassemblent le soir sur la place publique ; ils dansent & se réjouissent l'espace d'une heure avant de se coucher. Ils se parent de leurs habits les plus beaux ; & les femmes portent aux pieds des grelots, pour que la danse soit plus animée (2).

Les Hottentots s'accroupissent en rond : plusieurs couples se présentent pour danser ; mais on n'en laisse entrer que deux à la fois dans le cercle : la plupart de leurs pas sont des sauts accroupis à la maniere des coqs (3). Les Péruviens aiment beaucoup à remuer les bras & la tête. Les femmes laissent pendre leurs bras, ou elles les cachent sous un manteau ; de sorte qu'on ne voit que les inflexions du corps & l'agilité des pieds (4).

Enfin, jusqu'à ce que la danse fasse une partie

---

(1) Barbot.

(2) Voyages d'Artus, de Villault, &c.

(3) Kolben.

(4) Rel. d'Ulloa.

des beaux arts, elle n'offre que des sauts, des contorsions & des mouvemens puériles. Elle se mêle quelquefois à la religion, & l'on ne s'avise que fort tard de la blâmer. Les peres du Concile de Trente donnerent un bal à Philippe II, roi d'Espagne ; toutes les dames de la ville y furent invitées : le cardinal de Mantoue ouvrit le bal, & Philippe II & tous les peres du Concile y danserent (1).

Bientôt, pour amuser les peuples, des bardes & des guiriots ambulans, joignant la poésie à la danse & à la musique, courent les hameaux & divertissent les habitans. On en trouve chez les insulaires des environs d'Otahiti qui sont à peine sortis de l'état de nature. Les rois & les seigneurs Negres ont toujours des guiriots. Jobson remarque qu'ils en traînent plusieurs à leur suite lorsqu'ils viennent visiter les Anglois. Ces bardes jouent de quelque instrument, & chantent l'ancienneté, la noblesse, la valeur, les graces & les exploits de leurs maîtres. Ils sont improvisateurs, & prêts à célébrer le premier qui veut les récompenser. Les Negres, très sensibles à ces éloges, les payent fort libéralement ; il y en a qui se dépouillent de leurs habits pour les don-

---

(1) Hist. du Concile de Trente du card. Pallavicini.

ner à ces lâches flatteurs. Leur poëfie ne demande pas de grands efforts de génie ; ils répétent
cent fois : *Il eſt grand homme ; il eſt grand ſei-
gneur ; il eſt généreux ; il eſt puiſſant ; il a donné
de l'eau-de-vie.* Parmi différens couplets qu'un de
ces guiriots adreſſoit aux François, il leur dit
qu'ils *étoient les eſclaves de la tête du roi*, & ce
trait excita des applaudiſſemens infinis (1).

Leur vie fervile & rampante les couvre de
déshonneur ; & nous dirons tout-à-l'heure combien on les méprife, malgré les careſſes qu'on
leur fait pour en être loués ; ils paſſent pour des
valets ; & les muficiens en Pologne font mis encore au-deſſous des domeſtiques.

Les jeux dramatiques s'introduifent peu-à-peu,
& on en trouve dans tous les pays. Ce goût ne
fe rallentit plus & s'accroît fans ceſſe. Les Athéniens, au tems de Démoſthène, firent une loi
pour punir de mort celui qui propoſoit de con-
vertir aux ufages de la guerre l'argent deſtiné
aux théâtres.

Les critiques déraifonnerent enfuite & tom-

---

(1) Boſman & Barbot. On fait quel rôle jouerent dans
la Grèce les anciens bardes, & parmi les rapfodes, il y
avoit des grands orateurs, de bons poëtes & d'excellens
muficiens.

berent dans des contradictions : par exemple,
tandis qu'on excommunie les comédiens en France & en quelques autres pays de l'Europe, la
plupart des théâtres d'Italie portent le nom d'un
saint. On trouve le théâtre de S. Charles à Naples, de S. Augustin à Génes, de S. Angelo à
Venise, &c.

Ces hommes, qui servoient aux plaisirs du
public, tomberent dans l'avilissement, & parce
que leur métier a quelque chose d'ignoble, on
devint injuste à leur égard. Les Negres n'osent
pas montrer aux guiriots le mépris qu'ils ont
pour eux ; mais ils placent leur cadavre dans
des arbres creux ; ils ne méritent pas, dit-on, une
autre sépulture : comme ils ont un commerce
familier avec le diable, ils répandroient un
charme sur les grains & les fruits, si on les enterroit. On ne les jette pas même au milieu des
flots, parce qu'on imagine qu'ils empoisonneroient la riviere & les poissons (1).

On met une bride de paille dans la bouche
des comédiennes Japonoises, quoiqu'elles ayent
servi de maîtresses aux premiers seigneurs du
Japon : après les avoir traînées ignominieusement
au milieu des rues, on dépose leurs cadavres sur

____

(1) Barbot & Voyages de Labat.

un fumier, & on les abandonne aux chiens & aux oiseaux de proie (1).

La politique, l'art de la guerre & la religion s'emparerent bientôt de la musique ; & en effet, c'est un moyen sûr d'inspirer à l'homme du courage & de l'émouvoir. Les joueurs d'instrumens eurent le premier rang dans la division du peuple que fit Numa, parce qu'ils accompagnoient les sacrificateurs (2).

On a peine à croire qu'elle étoit l'influence de la musique chez les Anciens. Clinias & Achille s'en servoient pour réprimer leur colere (3). Les accens de Tyrtée remplissoient les Spartiates d'une ardeur guerriere, & l'on peut voir dans M. de Montesquieu, comment un changement dans la musique, entraînoit un changement dans les états (4).

La musique éblouit alors les peuples & leur inspira une vénération qui a subsisté long-tems. Plusieurs nations n'avoient cependant pas les mêmes idées. Les Egyptiens la défendirent ;

---

(1) Voyage de Sarris.

(2) Ælien, l. 13 , ch. 23.

(3) Voyez aussi dans le Craftman, n. 29, t. 1. l'explication de cette maxime ; on y examine l'influence de la musique sur les lois & les mœurs des peuples.

(4) Voyez l'Esprit des Lois.

elle leur parut inutile , & contraire aux mœurs ,
parce qu'elle amollit l'ame (1) ; & la musique
& la danse passent pour indécentes chez les Arabes (2).

On ne suivra point les bisarreries qui s'introduisent dans les usages dont parle ce chapitre. Il
suffit d'en citer des exemples, sans les lier au corps
de cette histoire. Le maire & les échevins de
quelques villes de France , mettent une ou deux
douzaines de chats dans un panier ; & les brûlent
dans le feu de joie la veille de la S. Jean (3).
La reine Marguerite de Valois , premiere femme
d'Henri IV, fit venir des Augustins Déchaussés ,
qu'elle dota , à condition qu'ils chanteroient les
louanges de Dieu sur des airs particuliers , qui
seroient composés par son ordre. Ils s'obstinerent à
ne vouloir que psalmodier , & sur leur refus , on
les chassa (4).

Le goût des plaisirs bruyans s'éteint avec l'acti-
vité de l'ame , & on y substitue la mollesse dans
les grandes sociétés. Les Lydiens craignirent que
leur sommeil ne fût troublé ; ils ordonnerent aux

---

(1) Diod. de Sic. l. 1. sect. 2.
(2) Voyage de Niehbuhr.
(3) Essais hist. sur Paris , par M. de Saint-Foix.
(4) *Ibid.*

muſiciens de chanter ou de jouer des inſtrumens ;
depuis le lever juſqu'au coucher du ſoleil, & de
s'enyvrer pendant la nuit (1). Les Sybarites eurent la précaution de chaſſer de leur ville les for-
gerons & les autres ouvriers qui faiſoient du bruit,
& même les coqs (2). Xerxès ne rougit pas de
promettre, par un édit public, une récompenſe
conſidérable à celui qui inventeroit un plaiſir
nouveau (3). Ariſtodeme, tyran de Cumes,
voulut énerver le courage des jeunes gens ; il
leur commanda d'orner leurs cheveux de fleurs,
de ſe faire ſuivre en allant au bain par des femmes qui portoient des paraſols, des éventails &
des parfums ; & cette éducation duroit juſqu'à
l'âge de vingt ans (4).

Quelque fût le luxe des Anciens, il paroît que
les Modernes ont fait ſur eux bien des progrès,
& cela devoit arriver. On peut voir dans Athénée quel étoit ce luxe qu'il reproche aux Per-
ſes, aux Lydiens & aux autres peuples : l'uſage
des gants en hyver lui paroît un grand trait de
molleſſe (5).

---

(1) Athénée, l. 12.
(2) *Ibid.*
(3) Cic. Tuſcul. Val. Maxim. l. 9.
(4) Denys d'Halicarnaſſe, l. 7.
(5) *Deipnos*, l. 12.

CHAPITRE VIII.

Voyages ; manieres de voyager.

L'HOMME ne tarda pas à sentir que les voyages sont fatiguans , & il forma le dessein de dompter les animaux & de se faire porter par eux. Les chevaux sont presque par-tout ceux dont on se sert le plus dans les voyages ; mais un grand nombre de peuples en emploient beaucoup d'autres que nous dédaignons.

Dans les pays froids , il ne faut pas une grande force pour tirer des traîneaux sur la neige ; les Ostiakes & les peuples du Nord se servent de rennes : d'autres fois ils attelent six ou huit chiens (1), qui ne cessent de hurler & d'aboyer jusqu'à ce qu'ils atteignent le premier relais, & on a peine à croire la vîtesse de leur marche. Si la traite est plus longue qu'à l'ordinaire, ils se couchent d'eux-mêmes & se reposent un instant. On leur donne du poisson sec, & après ce léger rafraîchissement, ils se remettent en marche. Quatre de ces chiens, chargés de trois cents livres, font douze ou quinze lieues en un jour. Dans la partie septentrionale de

____

(1) Leur traîneau est long de huit ou dix pieds, sur un pied de largeur.

la Sibérie, il y a des postes de chiens, & les relais y sont fixés de distance en distance, comme en Europe (1).

On s'en sert ailleurs pour avoir une voiture plus douce, & ne pas être exposé aux accidens que causent quelquefois des animaux fougueux. Les missionnaires Jésuites rencontrerent une femme Tartare qui revenoit de Pekin, & qui avoit cent chiens à ses traîneaux ; & on les assura qu'ils font souvent cent lieues sans se reposer (2).

Les Tartares Taguris ne voyagent que sur des buffles (3), & le char du roi de Baly & des seigneurs de sa cour, est aussi traîné par des buffles (4).

Plusieurs Maures d'Afrique ne montent que des bœufs (5). Les Negres de San-Blaz qui ont le même usage, leur passent dans les narines un morceau de bois qui les rend dociles (6), & l'on parle ailleurs d'un roi d'Afrique qui montoit une vache.

---

(1) Voyage de Muller.

(2) Lettres édifiantes.

(3) Voyage d'Isbrand Ides.

(4) Coll. de Bry, petits voyages, à la fin de la troisieme partie.

(5) Voyage de Brue.

(6) Prevôt, t. 1.

Moore vit, dans son voyage d'Afrique, un homme qui voyageoit sur une autruche.

Tous les peuples ne montent pas les chevaux de la même maniere. Ceux des Negres ne sont pas ferrés (1). Les Indiens du Chili n'ont pour étrier qu'un petit morceau de bois creux, où ils mettent le gros doigt du pied (2). Les Negres de Benin les montent comme nos dames en Europe : ils laissent pendre les deux pieds du même côté (3). Les Japonois croisent les jambes sur deux paniers placés sur le dos du cheval : les vieillards ont en outre un dossier contre lequel ils s'appuient (4), & ils ont soin de monter à cheval à droite, parce que, dans une action si noble, il ne faut pas appuyer sur le pied gauche (5).

Enfin l'homme s'ennuya ; il vouloit voler avec rapidité sur les routes, & comme le pas naturel du cheval lui parut trop lent, il abrégea les jours de ses coursiers, en les contraignant à des marches forcées. On sait que les chevaux de poste ne vivent pas long-tems, & c'est une re-

(1) Prevôt, t. 3.
(2) Supplément au Voyage d'Anson.
(3) Gynæcius dans Prevôt, t. 4.
(4) Relat. de Charlevoix.
(5) Kæmpfer.

marque

marque qu'il ne faut pas négliger dans cette histoire.

La barbarie accusoit encore leur lenteur, &
on a cherché des manieres de voyager plus promtement : on dit que les Chinois ont des chariots
à voile qui font pouffés par le vent (1).

On perdit l'ufage des jambes par l'habitude
de fe laiffer traîner, & lorfque la diftance étoit
trop peu confidérable, ou que la nature des lieux
ne permettoit pas de fe fervir d'animaux, on fe
fit porter par des hommes, & cet ufage révoltant eft établi prefque par-tout.

On ne parlera pas de mille autres voitures
qu'inventerent la molleffe & la jaloufie. Les dames Chinoifes fortent dans des chaifes de bois
doré, bien fermées, & fufpendues, comme des
cages, par un anneau paffé dans un long bâton.
Ces chaifes font fi baffes, qu'on eft obligé d'y
refter affis les jambes croifées à la maniere des
Turcs (2).

Les ufages qu'établit la vanité font fans nombre. Les hommes & les femmes de diftinction
portoient autrefois en voyage un épervier fur le
poing (3).

(1) Coll. de Bry, premiere partie des petits voyages.
(2) Voyage de Gemelli Careri.
(3) Effais hift. fur Paris, par M. de Saint-Foix.

Bientôt on fit des lois sur la maniere de voyager, & on imagina toutes sortes de prohibitions
tyranniques. Le dey d'Alger & ses principaux
officiers jouissent seuls du privilége d'aller à cheval : les autres Algériens ne peuvent monter que
des ânes, ou aller à pied (1). Philippe le Bel,
voulant réprimer le luxe, défendit de marcher
en voiture dans les rues de Paris.

Lorsque les hommes changent de place, leur
imagination s'échauffe aisément : on craint des
malheurs ; on redoute ces nouveaux cantons
qu'on ne connoît point, & les idées superfti-
tieuses naissent en foule. Les Negres de Loango
ne voyagent jamais sans porter un sac de reliques, qui pesent quelquefois dix ou douze livres.
Ils les traînent souvent dans une marche de quarante ou cinquante milles. Ce poids, ajouté à
leur charge ordinaire, est capable de les épui-
ser ; mais ils disent que ce précieux fardeau ne
fatigue point, & sert à rendre l'autre beaucoup
plus léger (2).

Les Mouris des Indes Orientales sont au
nombre de quatre cents mille, & partagés en
quatre tribus, occupées sans cesse à transporter

____

(1) Grammaye, l. 7. ch. 10. Davity.
(2) Rel. d'Ogilby.

des denrées d'un pays à un autre. La premiere ne fe charge que du bled ; la feconde, du riz ; la troifieme, des légumes, & la cinquieme, du fel. Les Indiens de la premiere portent au milieu du front une marque de gomme rouge de la grandeur d'un écu, & le long du nez une raie fur laquelle il y a des grains de bled en forme de rofe. Ceux de la feconde ont une marque de gomme jaune, avec des grains de riz. Ceux de la troifieme font marqués avec de la gomme grife & des grains de miller ; & ceux de la quatrieme fufpendent à leur col une maffe de fel de huit à dix livres (1).

Les Indiens qui vont en pélerinage au temple de Jagrenat, font quelquefois plus de trois cents lieues, en fe profternant continuellement par terre fur la route. Ils fe couchent de leur long, les mains étendues au – delà de la tête, & fe relevant enfuite, ils fe profternent de nouveau, en mettant les pieds où étoient leurs mains, & ils achevent ainfi leur pélerinage, qui dure fouvent plufieurs années. On en voit qui traînent de pefantes & longues chaînes attachées à leur ceinture, & plufieurs enferment leurs têtes dans une cage de fer.

----

(1) Prevôt, t. 11.

D'autres Indiens n'arrivent à la pagode du grand Lama, qu'après treize ou quatorze mois de marche, parmi des déserts remplis de bêtes féroces & de Tartares : les plus dévots viennent jusqu'en Sybérie visiter des kutuktus ou évêques particuliers ; & il y en a qui apportent de l'eau & des provisions sur leur dos, depuis Calicut jusqu'à Selinginskoi, vers le cinquantieme degré de latitude-nord (1).

Nous ne parlerons pas des caravanes des Musulmans.

------

(1) Recherches philos. sur les Egyptiens, t. 2.

Fin du douzieme Livre.

LIVRE TREIZIEME.
LOIS PÉNALES.

CHAPITRE PREMIER.
Différentes espèces de châtimens.

IL n'y a point de lois pénales parmi les peuplades qui sortent à peine de l'état de nature (1). Personne ne s'intéresse alors aux outrages que reçoit un individu : si on le vole, ou si on l'attaque, il se défend seul, quand il a de la force, & il gémit & souffre, dès qu'il est foible. Voilà pourquoi la vengeance est la plus impérieuse des passions parmi les Sauvages, & qu'elle

(1) Les Hurons n'en vouloient aucune, *parce que*, disoient-ils, *l'homme est né libre*, & *l'on n'a jamais droit d'attenter à sa liberté.*

E iij

dure très-long-tems chez tous les peuples barbares. Les amis d'un Groënlandois assassiné dissi-
mulent leur colere jusqu'au premier moment favorable, & l'on en voit qui depuis trente ans
méditent le projet d'exterminer un meurtrier.
S'ils le rencontrent à propos, ils lui rappellent
son crime : ils le lapident, ou ils le précipitent
dans la mer. Souvent après l'avoir mis en pieces, ils lui mangent le cœur & le foie, *pour ôter
à ses parens, disent-ils, le courage de venger sa
mort* (1).

Dès que les hommes forment des associations nombreuses, il est important de punir ceux
qui troublent le repos général, & par une convention tacite, ils établissent des lois pénales,
qui ne sont communément ni écrites ni promul-
guées, mais qui se conservent par tradition. On
est peu frappé à cette époque des grandes con-
sidérations de l'utilité publique, & l'esprit grossier des peuples ne regarde la Justice que comme un moyen de réparer, en quelque maniere,
le tort qu'a souffert un particulier. On donne
au fils d'un Sauvage assassiné ou volé, la consolation de tourmenter le coupable. La société
est un mot vague qu'on ne connoît point, &

------

(1) Relat. de M. Crantz.

on ne la compte pour rien dans l'expiation
des délits. Les lois pénales conservent ce caractère, jusqu'à ce que les nations soient plus policées.

Le Méxicain, qui se plaignoit d'un vol, étoit
obligé d'en nommer l'auteur, & s'il prouvoit la
vérité de l'accusation, on le chargeoit de l'office
de bourreau (1).

Dans plusieurs pays de l'Afrique, on remet
aux parens du mort le meurtrier qui n'est pas en
état de payer l'amende fixée pour un homicide ;
ils lui font souffrir mille tourmens (2), & à Fez,
la Justice arrête ses poursuites, lorsque la partie
est satisfaite.

En général, les châtimens que décernent les
premieres lois font féveres, parce que les hommes ne connoissent alors que des moyens violens, & qu'ils ignorent les adoucissemens & les
palliatifs indiqués par la raison perfectionnée :
mais ces peines font plus ou moins dures, suivant le caractère du peuple & les circonstances
où il se trouve. Des insulaires, par exemple,
ont un moyen de se débarrasser de tous les cou-

---

(1) S'il manquoit de preuves, il étoit puni lui-même
par le ministère de l'accusé, dit Herrera.

(2) Voyage d'Artus.

E iv

pables, sans les mutiler ou sans les faire mourir ; ils les reléguent dans une autre isle, ou ils les exposent à la merci des élémens, & c'est ce qu'on voit aux isles Palaos (1).

Une action indifférente dans une contrée est dangereuse dans une autre, & on la défend sous peine de mort ; ce qui nous paroît ou bisarre ou cruel, & ce qui n'est souvent qu'un effet de la nécessité.

Puisque les lois sont relatives à la position des peuples, elles ne doivent pas être jugées sur un principe général ; & cette vérité, méconnue des esprits systématiques, est très-bien sentie par les barbares. Ceux qui inonderent l'Europe, nous en donnent un exemple frappant. Le Bourguignon étoit gouverné par la loi des Bourguignons, le Romain par la loi Romaine ; & bien loin qu'on songeât à rendre uniformes les lois des peuples conquérans, on ne pensa pas même à se faire législateur du peuple vaincu (2).

Les lois civiles & les lois criminelles s'accumulent & se compliquent à mesure que les richesses d'un état augmentent ; & pour assurer la liberté, la vie, l'honneur & la propriété des ci-

----

(1) Prevôt, t. 17.
(2) Esprit des Lois, l. 28. ch. 2.

toyens, les moyens fimples, employés dans les premiers tems, ne fuffifent pas. Le légiflateur doit être plus vigilant ; il doit, à chaque inftant, punir & menacer ; & , à cet égard , il eft plus févere, lorfque les fociétés font plus policées. Voici à-peu-près la gradation qu'on remarque dans la dureté des peines. Celles qu'on décerne contre le vol & contre le meurtre font prefque toujours capitales chez les Sauvages les plus abrutis ; elles s'adouciffent enfuite chez les peuples barbares , & elles redeviennent enfuite capitales , lorfque la civilifation eft très-avancée.

La plupart des naturels de l'Amérique affommoient les voleurs & les affaffins à coups de maffue. Sous le gouvernement des Goths , des Germains & des Gaulois , les peines qu'on leur impofoit n'étoient le plus fouvent que pécuniaires , & depuis quelques fiecles , on les punit de mort dans toute l'Europe.

Il paroît que les légiflateurs fe trompent prefque toujours en un point bien important ; ils femblent ignorer que c'eft l'impunité des criminels , & non pas la modération des châtimens qui augmente la corruption de la nature humaine.

Le premier objet des lois eft de maintenir la propriété par la force. On va examiner les peines que différens peuples établirent contre les voleurs : on verra quel étoit leur caractère , & l'on peut même deviner par-là dans quelle poſition ils ſe trouvoient.

Lois pénales ſur la propriété, & contre le vol.

Les Hurons reprennent au voleur ce qu'il a dérobé , & ils enlevent en outre tout ce qu'ils trouvent dans ſa cabane : après l'avoir dépouillé lui-même , ils laiſſent abſolument nuds ſa femme & ſes enfans (1). Les habitans de l'iſle Eſpagnole puniſſoient le vol plus ſéverement que le meurtre & les autres délits (2). Le coupable étoit empalé , ſans qu'il fût permis à perſonne d'intercéder pour lui (3). — Ces inſulaires obéiſſoient à un Cacique : le chef d'une peuplade guerriere aime mieux avoir des ſujets courageux, que des ſujets pacifiques ; & comme l'habitude de verſer le ſang donne de la férocité & de l'audace, il eſt indulgent ſur le meurtre : d'un autre côté , il eſt de ſon intérêt de les exciter au travail, & il ne faut pas ſouffrir que des hommes qui ont un penchant extrême à l'indolence & à la pareſſe enlevent impunément la propriété des autres.

---

(1) L'Eſcarbot. Champlain.

(2) Beaucoup d'autres peuplades étoient auſſi plus in‑dulgentes ſur le meurtre que ſur le vol.

(3) Hiſt. de S. Domingue.

Les portes, chez les Indiens de Cumana, ne se fermoient qu'avec un fil de coton, & quiconque rompoit ce fil étoit puni de mort (1).

Les anciens Arabes étoient déja des brigands; & pour réprimer le larcin, on coupoit *sur le champ* la main droite à quiconque étoit surpris commettant un vol.

Les législateurs du Malabar se conduisent sur le même principe ; souvent on fait mourir un homme pour avoir volé quelques grappes de raisin (2). Dracon punissoit aussi de mort ceux qui voloient des herbes & des fruits dans un jardin ; & afin de se justifier, il disoit que les plus petites fautes lui paroissoient dignes de mort, & qu'il ne pouvoit trouver d'autres punitions pour les grandes (3).

Il y a des pays où l'on ne connoît que les peines capitales, les mutilations & l'esclavage ; & où les amendes, la prison, la bastonade, &c. ne peuvent pas devenir des châ-

---

(1) Herrera.

(2) Voyage de Dellon.

(3) A Quito, on ne traite point de voleur celui qui dérobe des choses comestibles, ou des ustensiles de table : on croit que, malgré le partage des biens, chaque individu a un droit inaliénable à sa subsistance & à tout ce qui peut y avoir rapport.

timens : alors on mutile volontiers les coupables qu'on ne fait point mourir ; & les peuples barbares trouvent beaucoup de plaifir à défigurer ainfi des hommes. Dans l'ifle d'Amboine, on coupe le nez & les oreilles aux voleurs, & on les fait efclaves pour leur vie.

Actifanes, roi d'Ethiopie & conquérant de l'Egypte, fit couper le nez à tous les voleurs : il les envoya enfuite dans le fond du défert, & leur bâtit une ville qui s'appella *Rhinocolure*, mot qui exprime le châtiment qu'ils fouffrirent (1).

Le maraudage des foldats étoit le feul crime puni de mort chez les Péruviens (2). Il eft aifé de donner plufieurs motifs de cette loi. — Les fociétés fe font formées pour défendre la foibleffe contre la force. Un foldat qui abufe de fes armes pour voler eft très-dangereux, & l'on ne peut trop le punir. — Le foldat qui va marauder tuera fans façon quiconque voudra lui réfifter ; il mérite donc un grand châtiment. — Le maraudeur quitte fa troupe & enfreint la difcipline militaire. Plus un empire eft doux & modéré, plus il eft expofé aux invafions des voifins, & par

---

(1) Diod. de Sic. liv. 1. fect. 2.
(2) *Sketches of the hiftory of man.*

conféquent plus il a befoin de foldats foumis.
Or tel étoit l'empire des Incas.

Chez plufieurs Negres, il n'y a parmi les vols
que ceux des beftiaux & des enfans qu'on pu-
niffe de mort, *parce que , difent - ils , les ani-*
maux font des créatures muettes qui ne peuvent
crier au fecours , & les enfans font incapables de fe
défendre (1). Le defpotifme de ces contrées qui
porte un caractère particulier enfanta d'autres
abus. Si un Iffinois fait un vol confidérable,
& qu'il craigne d'être découvert, il donne au roi
la moitié de fon butin, & le crime refte im-
puni (2).

Un voleur, au royaume de Benin , eft obligé
de reftituer ce qu'il a pris & de payer une
amende, & on ne punit corporellement que ceux
qui n'ont pas affez de biens pour fatisfaire à la
loi (3).

Les Tartares puniffent les petits larcins par
des coups de bâton : le nombre de ces coups finit
toujours par *fept ;* c'eft-à-dire , qu'il eft de fept,
dix-fept, vingt-fept, &c. Mais le voleur d'un
cheval eft coupé en deux , à moins qu'il ne ra-

---

(1) Rel. d'Artus.
(2) Voyage de Loyer.
(3) Rel. de Nyendal.

chete fa vie, en rendant neuf fois la valeur de ce
qu'il a pris (1).

D'autres peuples ne conçoivent pas quelle proportion il y a entre de l'argent & des effets, ou
la vie d'un homme, & ils ne puniſſent point de
mort les voleurs. Les Negres du royaume de
Loango ont imaginé un expédient, qui pour eux
vaut peut-être mieux que les peines capitales.
Ils expoſent les coupables à la riſée des paſſans,
en les attachant à un arbre, les mains liées derriere le dos (2).

Afin de prévenir toute eſpèce d'invaſion de
la propriété, on obligea les peuples à la con-
ſerver avec ſoin. Lorſqu'un Banian a perdu
quelque choſe, il eſt condamné à porter la même
valeur au grand-prêtre des Bramines, comme
une amende qu'on impoſe à ſa négligence. Les
anciens habitans d'Halifax devoient, ſous peine
de confiſcation de leurs biens, pourſuivre le voleur, & l'amener au bailli, comme on le dira
tout-à-l'heure ; & les Arabes Nabatéens impoſoient une amende à celui dont les richeſſes ſe
trouvoient diminuées (3).

---

(1) Voyage de Marco Polo.
(2) Battel. Dapper. La Croix. Ogilby.
(3) Herod. Strabon.

Les Egyptiens crurent qu'en dépit des lois, la cupidité ou le besoin produiroient toujours des vols, & pour engager les propriétaires à veiller sur leurs biens, ils établirent une loi singuliere. Un homme déclaroit à un magistrat qu'il étoit dans le dessein de voler : un autre homme alloit dire de son côté ce qu'on lui avoit pris ; on le lui rendoit bientôt, mais on en ôtoit la quatrieme partie qu'on donnoit au larron.

Les Siamois sont encore plus séveres ; car toute possession injuste en matiere réelle, est regardée comme un vol. Celui qui est dépouillé par un procès d'un bien dont il jouissoit, paye en outre la valeur de ce bien, & la moitié de l'amende appartient à son adversaire & l'autre moitié au juge (1).

Les peuples indisciplinés & féroces, à qui les arts ne fournissent pas des moyens de subsistance, sont très-portés au vol, & l'on voit que la législation des siecles de barbarie cherche sur-tout à le réprimer. Les peines qu'elle inflige ressemblent aux tems où on les établit : elles sont grossieres & atroces, & elles varient suivant le caractère & les besoins particuliers de chaque peuplade. Autrefois en Angleterre, on coupoit un pouce,

---

(1) Relat. de la Loubere.

une oreille, un pied ou une main pour les plus petits vols (1). Les habitans d'Halifax, au comté d'York, tranchoient la tête à quiconque voloit des effets, ou de l'argent, de la valeur de treize *pences* & demi (2). On amenoit le coupable au bailli du lieu, qui étoit tout à la fois son juge & son bourreau. Ce bailli gardoit une hache qui servoit à l'exécution des criminels : il assembloit quelques jurés ; & pour épouvanter, par la promtitude du châtiment, il décapitoit sur le champ le voleur.

Les peines ont ailleurs un raffinement de dureté qui inspire de l'horreur, & l'on trouve, dans ces tems gothiques, une cruauté qui ne ressemble point à celle des nations policées. Sous Edouard I, voici comment on punissoit l'ouvrier qui voloit pour la troisieme fois dans les mines d'étain de Derby. On clouoit sa main droite à une table, & on plaçoit près de lui un couteau ; on le laissoit mourir de faim en cet état ;

---

(1) Voyez les lois d'Angleterre dans l'Ouvrage intitulé *Principles of penal Law.*

(2) *History of the parish of Hallifax, by Watson.* Un homme qu'on voloit ne pouvoit pas dire, *j'abandonne au voleur ce qu'il m'a dérobé* ; s'il ne poursuivoit pas lui-même le voleur, on confisquoit tous ses biens.

s'il n'avoit pas la force de se couper le poignet (1). — Le commerce de l'étain étoit alors la principale richesse de l'Angleterre ; soit qu'il s'administrât au nom du roi, ou au nom d'un fermier, la cupidité est toujours atroce, & il ne faut s'étonner de rien, puisque le gouvernement Espagnol condamne aux galeres quiconque porte sur lui une prise de tabac étranger. — C'étoient probablement des serfs qui travailloient à ces mines. L'imagination des maîtres s'épuise à inventer des châtimens terribles pour les punir ; & nous dirons ailleurs que les Anglois modernes font expirer les Negres des colonies dans des tourmens bien plus affreux.

L'aversion pour le larcin a produit des lois fort extraordinaires. Lorsque les Carinthiens *soupçonnoient* quelqu'un de vol, on le pendoit d'abord, ensuite on jugeoit du soupçon ; si l'on prouvoit l'innocence du mort, on l'enseveliffoit, & on lui faisoit des funérailles aux dépens du public (2).

----

(1) *Sketches of the history of Man.*

(2) Boëmus, *Mores Gentium.* Si Boëmus n'annonçoit pas ce fait d'une maniere aussi positive, on le révoqueroit en doute. Pour prévenir le larcin, on aura imaginé de punir ceux mémes qui en seroient *soupçonnés.*

Tous les vols devroient être punis indistinctement & de la même maniere, sans acception de
personnes. Mais les peuples ne tarderent pas à
distinguer les vols faits à un homme riche & à
un homme pauvre, à celui qui est distingué par
son rang & à celui qui est dans le dernier état de
la société ; & sur ce point, comme sur les autres,
les lois sont toujours en faveur de la puissance &
de la richesse. On trouva bientôt plusieurs délits
dans quelques larcins, & l'on crut qu'il falloit les
punir plus sévérement. Les vols faits dans les temples passerent pour des sacriléges, & on les vengea
d'une maniere particuliere. La loi des Frisiens
ordonne qu'on conduise *les voleurs sur le bord de
la mer, qu'on leur fende les oreilles, qu'on les châtre,
& qu'ils soient immolés aux dieux dont ils ont violé
les temples.*

Le terrible droit de la propriété enfanta des
lois dures contre les débiteurs ; car l'existen-
ce des sociétés n'est fondée que sur cette rigueur ; mais on a mis de la bisarrerie dans
cette sévérité. A Ceylan, on déshabille un débiteur, & on lui donne des gardes. On lui met
sur le dos une grosse pierre, dont on augmente
le poids de jour en jour, jusqu'à ce qu'il paye son
créancier ; d'autres fois on entrelace d'épines ses
jambes nues : enfin, le créancier le menace sou-

vent de *s'empoisonner*, si on ne le satisfait pas, &
si réellement il s'empoisonne, le débiteur est mis
à mort.

A Achem, on lui attache les mains derriere le
dos, & on lui laisse d'ailleurs sa liberté. Il faut
qu'il se présente chaque jour en cet état devant
le juge, & celui qui le délie est puni de mort.
Le débiteur fatigué se déclare insolvable, &
devient l'esclave du créancier.

En Russie, on donne tous les jours aux débiteurs des coups de bâton sur les os des jambes,
pendant un certain tems. Ce châtiment dure un
mois pour cent roubles.

Un Franc présentoit à son créancier des ciseaux
en se coupant les cheveux, & il devenoit son
serf.

Un Rhodien devoit payer les dettes de son
pere (1), lors même qu'il renonçoit à sa succession,
& sa personne restoit engagée (2).

Les peuples les plus policés n'ont pas ba-
lancé à mettre la liberté d'un homme à la merci

---

(1) Sextus Empiricus hypoth. l. 1. ch. 14.

(2) Il faut citer ici la loi de Genève, qui est très-
modérée : elle exclut de la Magistrature & du Grand-
Conseil les enfans de ceux qui sont morts insolvables, à
moins qu'ils n'acquittent les dettes de leurs peres. On reviendra plus bas sur cette matiere.

F ij

d'un créancier ; car , chez les Athéniens , on vendoit les débiteurs (1).

Mutilations ordonnées par les lois.

Quand les nations examinerent comment elles puniroient les coupables , les mutilations se présenterent naturellement à l'esprit , & l'on espéra que ces châtimens , toujours visibles , seroient un frein capable d'arrêter le crime. La politique eut soin de multiplier des objets d'horreur , qu'elle s'efforce maintenant d'abolir. Si ces peines blessent aujourd'hui les yeux , si elles révoltent la sensibilité , c'est aux progrès des lumieres que nous devons cette révolution , & on les inflige encore dans une contrée de l'Europe à demi-barbare ; car les Russes ont coupé le nez à quelques-uns des complices de Pugatchew.

Les mutilations devinrent si communes , qu'au huitieme siecle les abbés coupoient à leurs moines une oreille , un bras & une jambe ; ils leur faisoient aussi quelquefois crever les yeux , au lieu de leur imposer des peines canoniques ; & le Concile de Francfort (2), auquel présidoit l'empereur Charlemagne , fut obligé de défendre ces châtimens.

---

(1) Platon , *in vitâ Solonis.*
(2) Tenu en l'an 784.

Il y a cependant des nations ambulantes qui ne respirent que la guerre, & qui n'aiment pas des hommes ainsi mutilés. Quoique la cruauté de leur caractère les porte d'ailleurs à infliger ces peines, ce penchant est contrebalancé par un autre motif qui en diminue les effets. Les lois Saxones ne faisoient couper la main qu'aux sacriléges (1). Les Visigoths ôtoient les parties viriles aux pédérastes, & c'est la seule mutilation qu'ordonne leur code.

Les mutilations recommencerent sous le gouvernement féodal, & elles ont subsisté très longtems. Au quinzieme siécle un délateur fut fouetté dans tous les carrefours de Paris; on lui coupa une oreille, & on lui perça la langue d'un fer chaud : on le mena ensuite à Montferrand en Auvergne, lieu de son origine; il fut fouetté de nouveau; on lui coupa l'autre oreille, & il fut banni du royaume (2).

Les Anglois en particulier conserverent fort tard ces usages, & la plupart des peuples modernes ne les ont abolis que pour y substituer des marques sur le visage, ou sur d'autres parties du corps.

----

(1) Encycl. art. Wantage.
(2) Hist. de France de l'abbé Garnier, t. 19.

On trouve même dans l'Antiquité un peuple célebre qui mutiloit la plupart des criminels. Les Egyptiens (1) coupoient la langue à ceux qui découvroient aux ennemis les secrets de l'état ; on coupoit aussi les deux mains à ceux qui faisoient de la fausse monnoie, qui se servoient de faux poids ou de fausses mesures, ou qui contrefaisoient le sceau du prince & des particuliers , &c. On rendoit eunuque celui qui violoit une femme libre : on coupoit le nez à la femme adultere, &c. &c. (2)

En général , ces supplices dégoûtans se répandent avec une grande promtitude , & il y a des pays remplis d'hommes estropiés par la main du bourreau. Le bannissement & les mutilations sont les seuls châtimens qu'inflige le roi d'Achem : on coupe les pieds & les mains aux coupables, & si cette opération ne les fait pas mourir, on lie leurs bras à des béquilles ; on met leurs jambes dans des sabots, & on les renvoie ainsi pour servir d'exemple (3). D'autres fois on coupe les oreilles, la lévre supérieure & le nez. — Le

(1) Les lois de ce peuple sombre & mélancolique sont souvent barbares , comme on le dira plus bas.

(2) Diod. de Sic. liv. 1. sect. 2.

(3) Coll. de Bry , huitieme partie des petits voyages.

fouverain n'a jamais occafion de revoir ces miférables ; & il ignore quel affreux fpectacle ils forment dans fon empire : cette maniere de punir convient au defpote & au defpotifme.

Les mutilations, ordonnées en certains cas, parurent fondées fur la juftice. Les premieres nations de l'Antiquité imaginerent la peine du talion pour la punition des crimes, & on l'obfervoit avec beaucoup de rigueur. Le coupable *rendoit œil pour œil, & dent pour dent,* comme le dit Moyfe.

On voit par-tout les légiflateurs embarraffés fur le choix des peines qu'ils décerneront contre les coupables : les uns adoptent l'efclavage ; les autres, les galeres & les travaux publics. Les boulangers de Lima font chargés de punir les efclaves : ils les font travailler nuit & jour. On les nourrit mal, & on leur laiffe peu de tems pour le fommeil. Enfin l'efclave le plus vigoureux eft affoibli dans quelques jours (1).

On imagina auffi des peines qui réuniffent tout à la fois l'infamie & la douleur. Les Chinois mettent au col d'un criminel des piéces de bois de quatre pieds en quarré & de cinq ou fix

---

(1) Voyage d'Ulloa. Cet Auteur nous dit que le même ufage étoit établi chez les Grecs & chez les Romains.

pouces d'épaiſſeur , & qui peſent de cinquante
à deux cents livres. Avec ce fardeau , il ne peut
ni voir à ſes pieds , ni porter la main à la bouche. Pluſieurs meurent ainſi de honte ou de douleur.

Lois péna-
les ſur le
meurtre. On parlera des lois ſur le meurtre dans le
chapitre prochain. Mais on a cru que les obſer-
vations ſuivantes ont un rapport plus immédiat
à la matiere que l'on traite ici.

Des peuples féroces & accoutumés à la guerre
déteſtent peu le meurtre , & ce crime , le plus
noir de tous , n'eſt pas celui qu'ils puniſſent le
plus ſévérement. Un Franc avoit droit de vie &
de mort ſur ſa femme : s'il la tuoit dans un em-
portement de colere , voici tout le châtiment
qu'on lui infligeoit ; il étoit privé quelques mois
de porter ſes armes , & pendant cette époque , il ne prenoit jamais le titre d'*homme de
guerre* (1).

Dès qu'on penſa qu'un homme riche pouvoit
expier ſes crimes avec de l'argent , il étoit ſimple d'en conclure qu'on pouvoit auſſi racheter
ſa vie aux dépens d'un eſclave ; & l'on trouve ,
en effet , que les lois pénales de différens pays
permettent aux coupables de livrer à l'exécuteur

---

(1) Mém. de l'Acad. des Inſcript. t. 1.

un esclave en leur place. Si un Negre de Benin
tue son ennemi d'un coup de poing, ou d'une
maniere qui ne soit pas sanglante, il échappe au
supplice à deux conditions, s'il enterre le mort
à ses dépens, & s'il fait exécuter un esclave à sa
place (1).

Un Egyptien qui avoit tué son enfant n'étoit
pas condamné à mort. On le menoit sur une place publique, & on le forçoit à tenir embrassé le
cadavre pendant trois jours & trois nuits (2).
— Les peres avoient droit de vie & de mort sur
leurs enfans, & l'on substitua cette peine à une
peine capitale.

Pour inspirer plus d'horreur du meurtre, on
fit des lois singulieres ; celles de Moyse permettoient au parent ou à l'héritier d'un homme
tué par cas fortuit, de *venger son sang*, c'est-à-
dire, dégorger le meurtrier involontaire, s'il le
trouvoit hors des bornes de l'asyle, lors même
que le malheureux homicide étoit déclaré innocent par le législateur (3).

Le prytanée, chez les Grecs, jugeoit &
condamnoit des animaux, des statues & des

---

(1) Descr. de la Guinée. Barbot. Bosman.

(2) Diod. de Sic.

(3) Nombre, ch. 26.

inſtrumens , lorſqu'ils concouroient à quelque meurtre (1).

Lois pénales dans les gouvernemens deſpotiques.

La ſévérité des lois pénales augmente à meſure que les peuples perdent leur liberté. D'un autre côté , on ne reſpecte pas les droits du Citoyen , lorſqu'on outrage ceux de la nature humaine , & l'hiſtoire nous montre aſſez ſouvent les nations aſſervies & opprimées à ces époques où les lois ſont cruelles. Les hommes ſe livrent naturellement à la cruauté , lorſqu'ils le peuvent impunément , & voilà pourquoi les peines ſont preſque toujours atroces dans les gouvernemens arbitraires. Comme tous les ſujets appartiennent au maître , quiconque trouble la ſociété générale , attaque ſa propriété ; le deſpote ſe venge autant qu'il eſt en ſon pouvoir , & dans ſa fureur , il extermineroit le genre humain. » Si les ſupplices des Orientaux , dit Monteſquieu (2) , ſont horreur à l'humanité , c'eſt que le deſpote qui les ordonne ſe ſent au - deſſus des lois. Il n'en eſt pas ainſi dans les républiques , les lois ſont toujours douces , parce que celui qui les établit s'y ſoumet. «

____

(1) Ælien. Coll. de Gron. t. 6. de *Juriſdictione vete-rum græcorum.*

(2) Voyez l'Eſprit des Lois.

Le roi d'Ava découvrit une petite émeute de quelques-uns de ſes ſujets qui refuſoient de payer le tribut ; on en ſaiſit quatre mille : il les fit conduire ſur *la même place publique*, & brûler tous à la fois dans *le même feu* (1).

Les ſujets d'un état deſpotique ne ſont que des eſclaves ; on ſe joue de leur vie : on ne peut les contenir que par la terreur, on invente des ſupplices qui révoltent la nature ; & comme il ne faut pas qu'ils oublient un inſtant leur ſervitude, on les conduit avec des bourreaux.

Le roi de Maroc vient de découvrir qu'un de ſes alcades étoit d'intelligence avec la garniſon de Melille. Après l'avoir attiré dans ſa cour, il l'a fait mourir à coups de bâton dans une audience publique.

Une petite faute eſt punie à la Chine de la baſtonnade, & les Chinois riches ou pauvres, nobles ou diſtingués, y ſont également ſoumis. Il n'y a pas long-tems que, pour le moindre délit, on écrivoit ſur les deux joues des coupables avec un fer chaud ce qu'ils avoient fait. Un mandarin repréſenta à l'empereur que cette punition étoit trop rigoureuſe & trop répandue dans une ville où réſidoit ſa majeſté. Depuis cette épo-

---

(4) Coll. de Bry, petits voyages, ſeptieme partie.

que, la marque des lettres ne s'applique plus que fur le bras gauche (1).

Les Orientaux ont expofé des femmes à des Éléphans dreffés pour un abominable genre de fupplices, & l'hiftoire des perfécutions qu'effuyerent, au commencement du dix-feptieme fiecle, les chrétiens du Japon, furpaffe tout ce qu'on peut imaginer. » On fit mettre les jeunes femmes nues dans les places publiques, & on les contraignit à marcher à la maniere des bêtes. Une dame fort honnête fut expofée à être violée publiquement par fon propre fils, âgé de dix huit ans : une fi grande horreur ayant fait frémir la mere & le fils ; on faifit la mere, on lui tint les bras & les mains, & on la préfenta à un étalon..... Cette fcene fe paffoit fous les yeux du fils (2). «

Parmi les lois particulieres au defpotifme, il ne faut pas oublier celle qu'on trouve dans le code des Lombards. Elle puniffoit de mort la *penfée*, comme fi l'on pouvoit conftater un pareil délit (3).

---

(1) Rel. de Magalhaens.

(2) Recueil des Voyages qui ont fervi à l'établiffement de la Comp. Hollandoife, t. 5.

(3) *Si quis contra animam regis cogitaverit, aut confiliatus fuerit, animæ fuæ incurrat periculum.* Legis Longobardorum, tit. 10.

La race humaine eſt ſoumiſe à des carnages
épouvantables, & l'on ne retrouve pas la moindre trace de juſtice ou de commiſération dans
les lois de la guerre, ni dans celles d'un état
militaire. Eulin de Romans apprend que la ville
de Padoue s'eſt révoltée contre lui ; il charge
de fers onze mille Padouans qu'il avoit dans ſon
armée ; il les condamne à mourir au milieu des
ſupplices les plus atroces (1) ; & ſi l'on en croit
les hiſtoriens, Mithridate fit maſſacrer en un jour
quatre-vingt mille Romains.

L'empire de la ſuperſtition n'eſt pas moins
terrible, & les lois qu'elle fait ſont auſſi cruelles.
Autrefois on verſoit du plomb fondu dans la
bouche d'un Mahométan qui avoit bu du vin.
Les Algériens, qui abjuroient l'alcoran, étoient
précipités ſur des crocs de fer placés au bas des
murs de la ville ; ainſi ſuſpendus, ils vivoient
aſſez long-tems dans d'horribles ſouffrances (2).

On remarque même que la religion la plus
ſainte n'établit pas toujours les peines les plus
douces. Les prêtres obtinrent de l'aſcendant ſous
Charlemagne : les lois changent tout à coup, &
la plupart des peines, qui n'étoient que des amen-

----

(1) *Sabellicus Exemplar*. Lib. 8.
(2) Voyage de Shaw.

des, furent converties en peines de mort (1).
On voulut imiter celles de Moyse.

On ne dit pas que les principes établis ci-
dessus soient applicables à tous les états despotiques. L'article des exceptions est toujours con-
sidérable (2).

CHAPITRE II.

Tarif des mutilations & des meurtres.

En examinant cette foule de lois absurdes
qu'établirent des législateurs ignorans ou cor-
rompus, le tarif des mutilations & des meurtres
paroit mériter un chapitre particulier. On éva-
lua les crimes en argent : on étoit lavé, si on
payoit le prix du tarif. Il n'y avoit que les pauvres qui fussent punis ; & l'Europe entiere n'a
pas suivi d'autres lois pendant plusieurs siecles.

On y trouve des détails qui les rendent en-

---

(1) Voyez le sixieme Livre des Capitulaires de Charlemagne.

(2) Les Indiens du Malabar n'emprisonnent point les
criminels, & on se contente de leur mettre les fers aux
pieds, jusqu'à la décision de leur procès, disent des Voyageurs qui se sont peut-être trompés.

core plus singulieres, & l'on peut en conclure que la barbarie des peuples ressembloit alors à la démence. Cette partie de l'histoire de l'homme est intéressante, & l'on a cru devoir tirer des anciens codes ce qu'on va lire. Mais on n'a pas le courage de rapporter toutes ces lois, & elles sont si extravagantes, qu'au premier coup-d'œil, on les prendra pour un badinage.

Si un homme libre frappe un autre homme libre à la tête, il donnera pour une tumeur 5 écus d'or.

Pour une déchirure de la peau, *pro cute ruptâ*, 10 écus d'or.

Pour une plaie jusqu'à l'os, 20 écus.

Pour un os brisé, 100 écus (1).

Si on prend quelqu'un aux cheveux avec une main, on payera 2 écus.

Si on le prend des deux mains, 4 écus (2).

Si on donne un coup à main fermée, 9 écus.

Si on blesse un homme à la tête, de maniere qu'il en sorte trois ôs, on payera 30 écus.

Si on voit paroître la cervelle, 45 écus.

Si on lui fait perdre un œil, 100 écus.

Si l'œil n'est pas entierement crevé, & qu'il voie encore un peu, une livre d'or.

---

(1) *Codex legis Wisigothorum*, Lib. 6.
(2) Loi Salique, ch. 19.

Si on écrase le nez, 100 écus d'or.

Pour une main coupée ou écrasée, 100 écus.

Pour un pouce coupé ou écrasé, 50 écus.

Pour l'index, 40 écus.

Pour le doigt du milieu, 30 écus.

Pour le quatrieme doigt, 20 écus.

Pour le cinquieme, 10 écus.

Le même tarif s'applique aux doigts du pied.

Pour chaque dent brisée, 12 écus.

Si un homme coupe à un autre la ride supérieure du front, 2 écus (1).

S'il coupe la seconde, 4 écus.

S'il coupe la troisieme ride, qui est près des yeux, il payera 2 écus d'or.

S'il coupe le sourcil, 2 écus.

S'il coupe ou écrase la mâchoire, 6 écus.

S'il coupe ou écrase la membrane, à laquelle pendent le foie & la rate, 18 écus.

Si on fait sortir du corps les poumons, on payera 4 écus d'or, au-dessus du taux, pour la blessure en elle-même.

La loi Salique ordonnoit que si la blessure étoit faite entre les côtes & alloit jusqu'aux aînes, on payât 45 écus.

Si un homme fait une blessure à la paupiere

---

(1) *Legis Frisionum*, tit. 12.

supérieure d'un autre, de maniere que celui-ci ne puisse la fermer, il payera 6 écus d'or (1).

S'il blesse la paupiere inférieure, de maniere que le blessé ne puisse plus retenir ses larmes, 12 écus.

S'il lui fait sortir un œil, 40 écus.

Si l'homme blessé au nez ne peut plus contenir la morve, 12 écus.

Celui qui emportera la levre supérieure, de maniere qu'on voie paroître les dents, 6 écus.

Celui qui blessera cette levre, de façon qu'elle ne puisse plus contenir la salive, 12 écus.

Si on a percé le bras au-dessus du coude, 6 écus.

Si on a percé le coude, 3 écus.

Si on a coupé l'extrémité du pouce, 6 écus.

Si on a coupé le pouce entier, 12 écus.

Si on a coupé la premiere jointure de l'index, 2 écus & demi.

On supprime les trois quarts de ces détails.

Si quelqu'un prend un homme par les parties naturelles, il payera 4 écus.

S'il ampute en entier les parties de la génération, 40 écus.

_____

(1) *Lex Alamanorum*, ch. 65. Voyez aussi la loi des Ripuaires.

S'il ampute feulement les testicules fans enle-ver la verge, 20 écus d'or.

Si quelqu'un en frappe un autre jufqu'à le rendre muet, 18 écus (1).

S'il le frappe jufqu'à le rendre fourd, il payera 300 écus.

S'il tranfperce la bourfe des testicules & les hanches, 9 écus.

Si quelqu'un frappe ou bleffe une *femme* ou une *fille qui fait fes néceffités ;* fi une femme ou une fille fe déshabille pour quelque befoin, & qu'on la frappe à l'endroit où on la voit nue ; (*comme nous favons*, dit le légiflateur, *que cela eft arrivé dernierement*,) il payera 80 écus (2).

Voici maintenant le tarif des injures & des outrages.

Si quelqu'un donne à un autre le nom de *cenitum*, il payera 15 écus d'or.

S'il l'appelle *concagatum*, 3 écus.

S'il l'appelle *vulpicula*, 3 écus.

S'il l'appelle *lièvre*, 6 écus.

---

(1) *Lex Angliorum & Werinorum*, tit. 5.

(2) *Si quis ut modo factum effe cognofcimus, mulierem aut puellam fedentem ad neceffitatem corporis, vel in alio loco, ubi ipfa fœmina pro fua neceffitate, nuda effe videatur, pungere aut percutere præfumpferit, componat ad* 80 *folidos.* Legis Longobardorum, lib. 1. tit. 16.

Si on donne à une femme le nom de *putain*, on payera 45 écus d'or.

Si on dit qu'un homme est lâche & qu'il a fui dans un combat, 3 écus.

Si, sans prouver son assertion, on dit qu'il est délateur, 15 écus (1).

Si on l'appelle *Hereburgium* ou *Strioportium*, 62 écus.

Si un homme rencontre en son chemin une vierge libre, & que par force il lui découvre la tête, il payera 6 écus.

S'il releve ses vêtemens jusqu'aux genoux, 6 écus.

S'il la met nue, de maniere qu'on voie son *derriere*, ou ses parties naturelles, 12 écus (2).

Ces peines n'étoient pas encore assez absurdes en elles-mêmes; on retrouve dans la maniere de les infliger une barbarie particuliere, dont il est difficile de se former une idée. Il y a des lois qui condamnent à autant de pieces de monnoie qu'il en faut pour couvrir les *fesses d'une femme*.

---

(1) *Lex Salica*, cap. 32.

(2) *Lex Alamanorum*, cap. 58. *Si ejus vestimenta levaverit, ut usque ad genua denudet, 6 solidos componat; si eam denudaverit ut genitalia ejus appareant, vel posteriora.*

C'est l'amende qu'infligeoit Howel Dda, en cas de séduction (1). Le même législateur ordonna qu'on payeroit 3 vaches pour un parjure, 12 pour l'enlevement d'une fille, & 18 pour celui d'une matrône.

On voit aussi ce qu'il en coûtoit lorsqu'on avoit mutilé des animaux, & l'on est étonné tout à la fois du goût des peuples pour ces mutilations, & de la prévoyance des législateurs.

Si quelqu'un creve l'œil du cheval, du bœuf, ou d'un autre quadrupede de son prochain, il payera la troisieme partie de la valeur de cet animal.

S'il lui arrache la corne, il payera 2 *saigas*.

S'il lui coupe la queue, il payera 7 *saigas* (2), &c.

Enfin, l'homme a tant de goût pour les mutilations, qu'une loi des Visigoths condamne celui qui coupe *par malice* les testicules aux animaux de son voisin, à payer deux fois la valeur de cet animal (3).

---

(1) *Vir si factum denegaverit, jurabit super campanam ecclesiæ malleo destitutam, quod si fassus fuerit, compensabit denariis totidem, quot* nates *fœminæ operientur,* Leges Wallicæ. Ces lois furent faites en 914.

(2) *Legis Bawariorum,* tit. 13.

(3) *Codex legis Wisigothorum,* lib. 8.

La vie des hommes fut mise à prix, & même Tarif des meurtres. ce prix paroît si bas, que les riches tuoient à peu de frais ceux qui leur déplaisoient. Dans le pays de Galles, le meurtrier d'un chancelier payoit 189 vaches (1).

Ailleurs, celui qui se servoit de fléches empoisonnées, ou de poison pour faire mourir un homme, payoit 12 écus d'or.

Les lois Saliques, Ripuaires, ou Bourguignones, n'imposoient qu'une amende de 400 écus à l'assassin d'un évêque; 200 à celui d'un prêtre. Il en coûtoit beaucoup moins lorsqu'on n'assassinoit qu'un laïque, & sur-tout si c'étoit un homme du commun. On tuoit un laboureur ou un berger pour 30 écus; un bijoutier pour 150; un orsévre pour 100; un serrurier pour 50, & un charpentier pour 40 (2), &c.

Il y avoit différens prix pour les enfans tués dans le ventre de leur mere, les enfans en bas âge, les petites filles, les femmes enceintes, &c. & même le titre 5 de la loi des Frisiens, porte: *des hommes qu'on peut tuer sans composition.*

On imagine aisément que ces lois sont rem-

___

(1) *Leges Wallicæ.*
(2) *Lex Burgundionum*, tit. 10.

plies d'ailleurs de bifarreries inexplicables. Ainfi celle des Vifigoths décerne une peine de 10 coups de fouet pour un foufflet ; de 20 , pour un coup de poing , ou un coup de pied ; & de 30 , pour un coup à la tête , qui n'a pas été fuivi d'effufion de fang (1) ; tandis que les mutilations & les meurtres n'étoient punis que par des amendes.

Celle des Lombards ordonnoit de payer environ 100 écus d'or pour un meurtre , & 20 ou 30 pour l'amputation d'un membre ; & elle condamnoit à 1400 écus celui qui paffoit devant une fille , ou une femme , qu'il rencontroit en chemin , ou celui qui lui faifoit quelque outrage (2). — Quoiqu'alors on refpectât beaucoup les femmes , il n'y avoit pas de proportion dans la punition de ces délits.

Conjectures fur l'origine de ces lois. On ne peut propofer que des conjectures fur l'origine de toutes ces lois , & jamais on ne leur trouvera un motif raifonnable.

Il eft probable qu'elles furent établies par des hommes puiffans , & qu'on ne fit aucune attention aux pauvres ; car on fait l'hiftoire de cet impertinent de Rome , qui donnoit des foufflets

____

(1) *Codex legis Wifigothorum* , lib. 6.
(2) *Legis Lengobardorum*, lib. 1. tit. 12.

à tous ceux qu'il rencontroit , & leur faifoit préfenter les 25 fols de la loi des douze Tables (1).

Cette partie de l'ancienne Jurifprudence n'eft pas affez connue pour qu'on puiffe approfondir l'origine ou l'atrocité de ces lois. Il faudroit favoir fi ces fommes du tarif étoient confidérables alors ; fi les hommes pauvres ou d'une fortune médiocre les acquittoient aifément ; fi les riches tomboient dans l'indigence après les avoir payées ; fi les peines afflictives auroient été plus dures que ces châtimens , & enfin fi ces amendes excluoient toute autre punition : ces peines avoient du moins cet avantage qu'elles ôtoient des jouiffances aux coupables.

Des peuples indulgens fur le meurtre font portés à évaluer en argent les autres délits. Dans ces tems de l'anarchie Gothique , on étoit bien embarraffé de châtier les criminels : il y avoit des inconvéniens à retenir les coupables en prifon ; on ne condamnoit ni aux galeres , ni aux travaux publics ; la baftonnade paffoit peut-être pour une correction paffagere qu'on oublioit bientôt , au-lieu que le befoin qu'entraînoit l'amende duroit plus long-tems.

____

(1) Aulugelle , liv. 20. chap. 1.

Les coups de bâton étoient d'ailleurs le plus sanglant des outrages qu'on pût recevoir, & les législateurs ne vouloient pas blesser la fierté des sujets. On a déjà dit que ces peuples guerriers abhorroient les mutilations, & comme chacun étoit soldat, ils n'aimoient pas remplir leurs armées de sujets difformes.

Quoique la plupart de ces réglemens se trouvent dans les codes, ils ressemblent à des lois de police, qu'on porte ou qu'on abolit, suivant les circonstances. En effet, ces lois conviennent à des peuples ambulans qui passoient sans cesse d'un pays à un autre pour le dévaster.

Enfin, ces peines annoncent peut-être l'impuissance des législateurs. Des châtimens corporels auroient blessé ces brigands attroupés, & l'on n'osoit pas trop réprimer leur penchant pour le désordre. Chaque individu mettoit son honneur à se venger lui-même, & les administrateurs respectoient cette délicatesse. La politique le laissoit repousser les outrages qu'il recevoit ; & la partie publique ne poursuivoit pas le coupable, qui s'acquittoit envers elle en payant l'amende ; mais les criminels avoient toujours à redouter l'offensé, ou les parens du mort, & cette terreur étoit plus efficace que les supplices. — Un meurtrier craignoit à son tour d'être assassiné ;

il n'y avoit plus pour lui ni trêve ni repos ; il falloit qu'il pérît, ou qu'il extirpât jusqu'au dernier vengeur de son premier crime. Le duel est une invention abominable, & ses effets sont plus abominables encore ; mais ce frein a poli les mœurs & arrêté l'insolence. Les vengeances particulieres produisoient, à cet égard, un meilleur effet, puisqu'on toléroit les plus lâches assassinats ; cette licence entretenoit le courage de la nation, qui n'étoit alors gouverné que par le point d'honneur.

Toutes ces lois, qui encourageoient la vengeance particuliere, l'ordonnerent bientôt : les fils d'un homme assassiné aimerent mieux vivre en paix, que de poursuivre les meurtriers de leur pere, on les condamna, dans une assemblée générale des Francs, à perdre tous leurs biens patrimoniaux, selon les lois Romaines qui les déclaroient déchus de l'héritage paternel (1).

Les chefs eux-mêmes étoient soumis à cet usage.

Philippe-Auguste fit cette Ordonnance : » Lorsqu'il se commettra quelque meurtre, ou quelque violence, l'offensé pourra surprendre de nuit les parens de l'offenseur, qui demeurans

____

(1) Aimoin, l. 4. chap. 28. Orig. & ant. de la France, t. 3.

loin de-là ne favent rien du méfait, & les occir : ceux qui feront abfens, auront feulement quarante jours de tréve, pour apprendre ce qui advient en leur lignage, & fe pourvoir ou guerroyer (1). « S. Louis & le roi Jean renouvellerent dans la fuite la même Ordonnance.

Il y a des nations polies qui font aujourd'hui très-indulgentes fur ces fortes de meurtres, & qui ne les puniffent point.

CHAPITRE III.

Peines bifarres.

TOUT ce qui fe paffe chez les peuples, dont nous ne connoiffons ni les mœurs ni le caractère, contrafte avec les coutumes & les préjugés reçus, & doit paroître bifarre : c'eft l'effet que produifent d'abord les rapprochemens dont cet Ouvrage eft rempli ; mais il n'y a point de bifarrerie dans la nature, & l'on ne fe fert de cette expreffion que pour fe conformer à l'ufage.

Les légiflateurs cherchent des peines qui faffent impreffion fur les peuples, & ils ne favent

---

(1) Beaumanoir, chap. 60. Ord. du Louvre, t. 1.

qu'inventer : ils adoptent tous les châtimens qui effrayent par leur singularité ; ils raffinent les supplices pour qu'ils soient plus terribles, & enfin comme les criminels eux-mêmes craignent le ridicule, on a voulu quelquefois l'introduire dans les lois pénales, & on les a souvent rendues bisarres.

Il y en a qui blessent tout à la fois la pudeur & l'honnêteté, & qui arment les élémens contre les coupables. Nos ancêtres condamnoient ceux que la pénitence publique dégradoit, à parcourir le *pays nuds*, & armés seulement d'une épée (1). Les Daces dépouilloient un parjure, & ils le forçoient à passer le reste de sa vie comme les bêtes ; *puisqu'il a cessé d'être homme*, disoient-ils, *il ne doit plus porter de vêtemens*. On voit au livre du mariage, que souvent on mettoit nuds les adulteres.

D'autres peines sont si grossieres & si brutales, qu'il faut les rapporter sans y joindre aucune réflexion. Les anciens Polonois condamnoient un calomniateur à se mettre à quatre pattes, & à aboyer pendant un quart-d'heure, comme un chien.

____

(1) *Cap. Aquis gran. ann. 789. cap. 37.* & les Origines & les Antiquités de la France, &c. par M. le comte du Buat, t. 3.

Lorsque les épreuves étoient en usage, on ordonnoit aux accusés de combattre contre des animaux. Sous le regne de Charles V, ou, suivant quelques écrivains, sous celui de Philippe-Auguste, ou de Louis VIII, Aubry fut assassiné : son chien reconnut *Macaire* pour le meurtrier, & il le mordit en aboyant avec fureur. Le roi, frappé de plusieurs indices, jugea qu'il écheoit *gage de bataille*. Le champ-clos fut marqué dans l'isle Notre-Dame. Macaire étoit armé d'un gros bâton ; le chien avoit un tonneau percé pour sa retraite & ses relancemens. Après un combat opiniâtre, il saisit Macaire à la gorge, le renversa par terre, & l'obligea de faire l'aveu de son crime, en présence du peuple & de toute la cour (1).

En quelques pays de l'Inde, un criminel condamné à mort, obtient sa grace, s'il combat contre un lion, sans en être dévoré. — Les hommes ont toujours respecté le courage & la bravoure, & l'on croit, qu'avec ces deux qualités, on est digne de pardon.

---

(1) Essais historiques sur Paris, par M. de Saint-Foix, t. 1. Ce combat est attesté par un monument. Il est peint sur une des cheminées de la grande salle du château de Montargis. Voyez Jules Scaliger & le P. de Montfaucon.

Les Francs condamnoient le voleur d'un chien de chasse à faire trois tours sur la place publique, en lui *baisant le derriere* ; & le voleur d'un épervier, à une amende de huit écus d'or, ou à se laisser manger par cet oiseau cinq onces de chair sur les fesses (1).

Un Algérien, qu'on surprend à voler, perd sur le champ la main droite, & on le promene sur un âne, le visage tourné vers la queue, avec sa main pendue au col (2).

On a voulu que tout ce qui entouroit le coupable, portât des marques de son délit, & qu'ainsi sa honte fût plus durable & plus manifeste. Les anciennes lois d'Angleterre imposoient une peine afflictive au ravisseur d'une femme, & ce châtiment s'étendoit jusques sur son chien, son cheval & son faucon (3).

Un roi de l'Orient fit mourir un juge prévaricateur. On remplit de crin la peau de ce juge ; on en fit un coussin, & son fils, qui lui succéda,

---

(1) Loi Gombette.

(2) Voyage de Shaw.

(3) *Equus ejus ad dedecus suum dedecorabitur, caudâ quam propius natibus possit, abscissâ ; eodem modo canis leporarius dedecorabitur, & accipiter ejus perdet beccum, ungues & caudam.* Staunford, 22, B. & l'Ouvrage intitulé *Principles of penal Law.*

fut obligé de s'affeoir deffus, lorfqu'il donnoit fes audiences.

Comme les Romains recherchóient les peines qui affectoient le plus les coupables ; ils faifoient faigner les foldats qui avoient commis quelque faute. Aulugelle (1) donne de mauvaifes raifons de cette coutume : celle de M. de Montefquieu paroît affez vrai-femblable ; la force étant la principale qualité du foldat, c'étoit le dégrader que l'affoiblir.

Quand les jeunes Méxicains commettoient des fautes, on injectoit de la fumée d'anis fec dans leurs narines, & fi ce châtiment ne les corrigeoit pas, on les expofoit nuds aux injures de l'air, ou à la chaleur du foleil.

On remarque que les légiflateurs prétendent fouvent punir un délit d'une maniere qui ait quelque rapport avec la faute, & l'on a établi pour cela des peines fingulieres. Lorfque, par négligence, le feu prend au Tonquin, le maître de la maifon eft affis fur une chaife haute de douze ou quatorze pieds, & on l'expofe ainfi pendant trois jours à la plus cuifante ardeur du foleil (2).

---

(1) Liv. 10. chap. 8.
(2) Voyage de Dampierre.

D'autres fois on emploie des châtimens qui ne font qu'exciter la rifée du public. Si on obferve avec négligence les ufages & les cérémonies prefcrites par l'alcoran, on attache au col des coupables une planche garnie de plufieurs queues de renard, & après les avoir ainfi traîné par toute la ville, on les condamne à une amende (1).

On accompagna les châtimens d'un appareil déshonorant & lugubre. En 1523, on dégrada de noblesse le gouverneur de Fontarabie qui avoit rendu honteufement cette place aux Efpagnols ; » on l'arma de pied en cap ; on le fit monter fur un échaffaud, où douze prêtres affis & en furplis commencerent à chanter les Vigiles des Morts, après qu'on lui eût lu la Sentence qui le déclare traître, déloyal, vilain, & foi menti. « — » A la fin de chaque pfeaume, ils faifoient une paufe, pendant laquelle un héraut d'armes le dépouilloit de quelque piece de fon armure, en criant à haute voix : *Ceci eft le cafque du lâche ; ceci fon corfelet ; ceci fon bouclier*, &c. Après d'autres cérémonies, on le couvrit d'un drap mortuaire, & on le porta à l'églife où les douze prêtres l'environnerent, & lui chanterent fur la tête

---

(1) Boëmus, *Mores Gentium.*

le pseaume *Deus , laudem meam ne tacueris ,* qui renferme plusieurs imprécations contre les traîtres (1). ''

Il fut difficile de contenir cette multitude indisciplinée qui s'enrôloit pour les croisades , & le vol en particulier étoit dangereux pendant ces expéditions. Voici un des réglemens que firent les rois de France & d'Angleterre en 1189, avant de s'embarquer pour la Palestine : » Si quelqu'un est convaincu de vol, on lui coupera les cheveux ; on versera sur sa tête de la poix bouillante ; on la couvrira ensuite de plumes , & on l'exposera dans cet état sur le premier rivage. ''

Les tems Gothiques nous offrent un grand nombre de lois, qui ont un caractère particulier de bisarrerie. Par une ancienne ordonnance d'Angleterre, si quelqu'un souilloit le lit du prince, il payoit *une verge d'or pur , de l'épaisseur du doigt d'un laboureur qui avoit labouré neuf ans , & assez longue pour , que de terre , elle touchât à la bouche du prince , quand il étoit assis* (2).

D'autres lois font ridicules par les prétentions de celui qui les porte. Philippe - Auguste ayant voulu répudier sa femme, le pape mit son royau-

---

(1) Essais hist. sur Paris , & le vrai Théâtre d'honneur.
(2) *Sketches of the history of man.*

me en interdit : *les œuvres du mariage étoient illi-cites*, & l'on excommunia les maris & les femmes qui habitoient enfemble.

Les peuples d'Afie mettent auffi de la bifarre-rie dans l'exécution des lois pénales. La baftonnade eft un châtiment ordinaire chez les Tartares, & fi la Sentence porte cent coups, on fe fert pour cela d'autant de bâtons différens (1).

La fuperftition confacra ces bifarreries, & elle en inventa beaucoup d'autres : on n'en citera qu'un exemple. Les anciens Gaulois célébroient leurs myftères dans des bois : ils n'y entroient que liés ; & s'ils tomboient, il ne leur étoit pas permis de fe relever ; ils devoient marcher à genoux ou fe rouler, jufqu'à ce qu'ils fuffent fortis de cette enceinte.

Il paroît que l'ufage de foumettre les ani-maux à des fupplices, étoit connue de l'antiquité. L'aréopage & le fénat des Juifs, qui vouloient infpirer de l'horreur du meurtre, faifoient le procès aux animaux meurtriers. Plufieurs Voyageurs rapportent que fur le haut des montagnes d'Afrique, on attache des lions en croix pour fervir d'exemple aux autres ; & les juges du comté de Valois condamnerent à être pendu un

---

(1) Voyage de Rubruquis.

taureau qui avoit tué un homme d'un coup de corne. Le Parlement confirma cet arrêt en 1314, & l'animal fut exécuté.

CHAPITRE IV.

Lois pénales contre des actions indifférentes ou bonnes en elles-mêmes, ou contre des chimeres.

LES tyrans défendent les actions les plus indifférentes en elles-mêmes ; & comme tout dépend de leurs caprices, & qu'il est de la nature de l'homme de les satisfaire, ils recourent aux peines de mort. La condamnation se porte quelquefois sur le champ & sans forme de procès, & d'autres fois il y a des lois permanentes qui décernent ces châtimens. Un individu, qui est le maître d'établir des lois, les fera conformément à ses passions & à ses erreurs ; car il n'est pas question de bien public, ou d'amour de la justice. N'est-ce pas ainsi que la moitié de la terre fut gouvernée dans tous les tems ? & qui pourroit dire avec quelle frenésie les lois se sont jouées de la vie des innocens ?

Mon but n'est pas de m'étendre sur cet article ; les defpotes veulent regner par la terreur, tout leur paroît crime de lèfe-majefté, & ils ont des caprices fanguinaires. Voici des peines relatives à ces trois cas. Au Japon, deux demoifelles furent enfermées jufqu'à la mort dans un coffre hériffé de pointes de fer ; l'une, pour avoir eu quelque intrigue de galanterie ; l'autre, pour ne l'avoir pas révélé (1).

Henri VIII ordonna, par une loi, que tout homme inftruit d'une galanterie de la reine, ou de la femme que veut époufer le roi, iroit l'accufer, fous peine de haute trahifon.

Une autre loi, paffée fous le même regne, déclaroit coupable de ce crime quiconque prédit la mort du roi. Ce prince tomba malade ; les médecins n'oferent jamais dire, qu'il fût en danger (2).

Suivant les anciennes lois, c'étoit un crime de haute trahifon de *connoître* les femmes qui fervent les enfans du prince.

Une des femmes du roi d'Achem pouffa, en rêvant, un cri qui éveilla toutes les autres, le prince demanda la caufe de ce tumulte, on ne

____

(1) Recueil des Voyages qui ont fervi à l'établiffement de la Comp. Hollandoife, l. 5. part. 2.

(2) Hift. de la réformation de Burnet.

lui fit pas de réponse satisfaisante. Il les appliqua
pendant trois ou quatre heures à des tortures
effroyables ; enfin, on leur coupa les pieds & les
mains, & on les je.ta dans la riviere. Beaulieu
fut témoin de l’exécution.

Un des coqs de ce roi ayant été vaincu dans
un combat par un autre coq de moindre grandeur, il voulut favoir pourquoi le petit avoit
plus de force que le grand. Le feigneur, chargé
de nourrir cet animal, répondit avec beaucoup
de refpect à fa majefté, qu’il n’en comprenoit pas
la raifon : *& moi, je la comprends bien*, reprit le
monarque ; *c’eft que vous avez mal nourri mon coq* ;
& à l’inftant il lui fait couper les mains fous fes
yeux (1).

Par une fatalité déplorable, on eft en droit
d’adreffer les mêmes reproches à la plupart des
états. Rome étoit inondée de fang, quand Lépi-
dus triompha de l’Efpagne, & il ordonna de fe
réjouir fous peine d’être profcrit (2). Appien a
confervé la formule des profcriptions (3) : il
faut voir, dit M. de Montefquieu, avec quelle

---

(1) Rel. de Beaulieu.

(2) *Feftis & epulis dent Romani, hunc diem, qui fecus
faxit inter profcriptos efto.*

(3) Des guerres civiles, l. 4.

adreſſe on en préſente les avantages, de maniere à faire croire aux lecteurs que véritablement elles étoient néceſſaires. » Il ſemble qu'on n'y a d'autre objet que le bien de la république, tant on y parle de ſang froid, tant on y montre d'avantages, tant les moyens que l'on prend ſont préférables à d'autres, tans les riches ſont en ſûreté, tant le bas peuple ſera tranquille, tant on craint de mettre en danger la vie des citoyens, tant on veut appaiſer les ſoldats, tant enfin on ſera heureux. «

Lorſqu'il ne coûte rien d'établir des lois, on en fait ſans raiſon & ſur toutes les matieres, & l'on décerne ſouvent une peine capitale, ou une peine grave, contre les prévaricateurs. N'y a-t-il pas un pape qui excommunie par une bulle ceux qui s'aviſeront de copier ou de répandre le *Miſerere*, qu'on chante le jeudi ſaint dans la chapelle Sixtine ?

Les lois pénales de la ſuperſtition défendent preſque toujours des actions indifférentes en elles-mêmes. Dès qu'on adore une paille, une pierre & un chat, on extermine le malheureux qui profane la paille, la pierre ou le chat. L'homme ne tarde pas à s'établir le vengeur de la divinité ; & cette idée naît dans la tête des ſauvages. Si l'on décompoſe le fanatiſme, on remarquera que c'eſt

H iij

l'orgueil qui défend par le fer & par le feu le sentiment qu'il adopte.

On peut voir dans le livre intitulé *Culte des Dieux fétiches*, quels malheurs font arrivés aux Anglois & aux Portugais pour avoir touché ou emporté par mégarde les *fétiches* des Negres. Un cochon hollandois mangea un de ces dieux, & on tua bientôt prefque tous les porcs du pays.

C'eft un crime capital chez les Tartares de mettre un couteau dans le feu, de fendre du bois près du foyer, de s'appuyer contre un fouet, de battre un cheval avec fa bride ou de rompre un os avec un autre ; de répandre à terre quelque liqueur, d'uriner dans fa maifon, de jetter hors de fa bouche un morceau de viande qu'on ne peut avaler, ou de marcher fur le feuil de la maifon des princes (1).

Le *droit du zèle* permettoit à tous les Juifs de tuer fur le champ celui qu'on furprenoit blafphémant, ou facrifiant à Moloch ; & les lévites pafferent au fil de l'épée environ trois mille ado-

---

(1) Voyez la Rel. du Frere Jean Duplan-Carpin, & la Coll. d'Hakluyts. Il faut remarquer cependant que toutes ces peines ne dérivent pas immédiatement de la fuperftition.

rateurs du veau d'or, & Phinées tua Zimri & Cosby (1).

L'Indien du Malabar qui répand, par mégarde ou à dessein, du sang sur les terres sacrées, ne peut éviter la mort : la sévérité va si loin que s'il prend la fuite, on exécute à sa place son plus proche parent (2).

Les peuples éclairés d'ailleurs ne sont pas les moins séveres, & l'on remarque que leurs lois pénales sont très-absurdes & qu'ils suscitent les persécutions les plus atroces. Les Athéniens dévouoient à la mort quiconque faisoit tomber un gland de la forêt des héros (3), & l'aréopage condamna Stilpon à l'exil pour avoir dit que la Minerve de la citadelle n'étoit pas réellement une déesse, mais une sculpture de Phidias.

Le peuple d'Egypte se jettoit sur celui qui tuoit par mégarde un chat ou un ichneumon : après l'avoir bien tourmenté, il le massacroit sans aucune forme de procès. Diodore cite plusieurs de ces faits, & un entr'autres dont il fut témoin pendant son séjour en Egypte.

______

(1) Voyez le Pentateuque.

(2) Le Voyageur Dellon en cite un exemple, dont il a été témoin.

(3) Ælien, liv. 5. ch. 17.

Les lois des nations modernes font auſſi rigou-
reuſes ; mais depuis cent ans, on ne les obſerve
plus dans toute leur rigueur. Il n'y a pas long-
tems qu'on arrachoit les dents, ou qu'on pendoit
pour avoir mangé de la viande en Carême ; on
dit même qu'en 1629, on fit mourir un gentilhomme, qui étant preſſé par la faim, ſe nourrit, un jour de jeûne, de la cuiſſe d'un cheval.

Le zèle eſt impitoyable & les légiſlateurs pacifiques oublient leur caractère. Les établiſſemens
de S. Louis décernent des peines cruelles contre
les hérétiques ; & ce monarque, ſi reſpectable
d'ailleurs, diſoit à ſon ami Joinville, *quand
un laïc entend médire de la religion chrétienne, il
doit la défendre, non-ſeulement de paroles, mais à
bonne épée tranchante, & en frapper les médiſans &
les mécréans à travers le corps, tant qu'elle pourra
entrer* (I).

Un Concile tenu en 1096 exclut de la communion des fideles, ceux qui portent de longs
cheveux, & il ordonne qu'on ne prie point pour
eux après leur mort (2).

Une ancienne loi d'Angleterre condamnoit à

------

(1) Voyez le Joinville, publié par Ducange.
(2) Pommeraye, hiſt. des archev. de Rouen.

mort celui qui contractoit un mariage avec un Juif ou avec une Juive (1).

On imagina que l'Être suprême ne veut pas qu'une veuve se remarie, & on brûloit l'homme qui connoissoit une veuve (2).

Les Péruviens adoroient le Soleil, & ils atta-choient la plus grande importance à la garde du feu sacré. On chargeoit des vierges de ce soin, & si l'une d'elles manquoit à son vœu de chasteté, on l'enterroit vive, & on pendoit son amant ; on punissoit d'un crime si énorme la femme du coupable, ses enfans, ses serviteurs, ses parens, tous les habitans de la ville où il demeuroit, jus-qu'aux enfans à la mammelle, & on rasoit la ville de fond en comble (3).

Ce seroit une terrible association que celle de l'homme avec le diable ; & dès qu'on la croit possible, on conçoit très - bien comment on la punit par des supplices affreux. Les Indiens de l'Amérique septentrionale poursuivoient, sur le

Lois péna-les relatives à la magie & à la sor-cellerie.

---

(1) On a dit dans le livre de la distinction des rangs & de la noblesse, comment on a traité d'ailleurs les Juifs.

(2) Cap. 61. *Edicti Theodorici in Codice legum anti-quarum.*

(3) Hist. Générale des peuples du monde, t. 13. On n'ose pas croire que M. l'abbé Lambert ait inventé ce fait.

champ & fans relâche, tous ceux qu'on accufoit de maléfice, & ils les condamnoient au fupplice des prifonniers de guerre.

Les idées de magie & de forcellerie fermentèrent en Europe, fous l'empire des barbares ; cette folie devint une maladie épidémique, & eut des fuites défaftreufes. Les lois & les magiftrats voyoient par-tout des forciers, & l'on alluma des bûchers (1). Quoique l'homme foit fufceptible de toutes les illufions, il y a, fur cette matiere, des faits très-extraordinaires. Une foule de miférables avouent que véritablement ils ont fait un pacte avec le démon, qu'ils affiftent aux fabbats, &c. & ils racontoient beaucoup d'hiftoires de ces affemblées. Comme ils prenoient les rêves de leur imagination pour des réalités, ils

---

(1) Cette manie de brûler des forciers fe répandit furtout dans les colonies. Il femble que les Européens, tranfplantés en Amérique, foient devenus auffi infenfés que les fauvages Indiens, qui voyent continuellement des charmes & des démons, & qui leur infpirerent probablement ces folles idées. On eft étonné de la multitude innombrable de forciers qu'on fit brûler dans la nouvelle Angleterre, à la fin du dernier fiecle. On trouvera l'hiftoire de ces procédures & les dépofitions des accufés qui avouoient un pacte avec le diable, dans l'Ouvrage intitulé *History of the colony Maffachufet's bay by Hutchinfon.*

étoient convaincus de ce qu'ils difoient. — Ces aveux fréquens perfuaderent encore mieux les dépofitaires des lois, qui ne négligeoient rien pour extirper cette chimere. Pendant un long efpace de tems ils appellent des bourreaux; & en ouvrant les anciens ouvrages de Jurifprudence, on eft étonné de la ftupidité des magiftrats: on ne citera que des exemples remarquables.

Le Parlement de Bordeaux fit dans un an brûler fix cens forciers. En 1574, celui de Dôle condamna au feu, Gilles Garnier, pour avoir renoncé à Dieu, & s'être obligé à ne plus fervir que le diable, qui le changea en loup-garou. L'Arrêt dit que, fous la forme de loup-garou, il a faifi & dévoré des petits garçons, & que le coupable avoua plufieurs fois tous ces crimes (1).

Les premiers Imprimeurs Allemands, qui apporterent des livres à Paris, furent condamnés par le Parlement à être brûlés vifs comme forciers, & ils n'échapperent au fupplice que par la fuite.

S. Agobard nous apprend qu'il eut beaucoup de peine à délivrer des étrangers que le peuple

______

(1) Voyez La Rocheflavin.

traînoit au supplice ; *parce qu'ils étoient tombés de nues dans l'intention d'enlever la récolte par le pouvoir du diable.*

'Absurdité de l'ancienne Jurisprudence.

Les lois de la plûpart des peuples renferment toutes sortes de défauts ; mais il paroît que celles des nations de l'Europe ont un caractère particulier de férocité. Il semble que c'est dans cette partie du monde qu'on a le plus multiplié les formes des procédures, & insensiblement l'on est arrivé à de grands excès. En Angleterre, en Allemagne, en Hollande, on imagina qu'un coupable, convaincu d'un crime, devoit lui-même confesser son délit (1), & pour lui arracher cet aveu, on employa des tortures épouvantables. Si un Anglois s'opiniâtroit à le nier, on l'appliquoit de nouveau à la question, & enfin lorsque les juges étoient fatigués, ils disoient : » Qu'il soit mené en prison ; que là il soit dépouillé nud ; qu'on l'étende par terre tout de son long ; qu'on fasse sous sa tête un trou ; que sa tête soit mise dans ce trou ; que l'on jette sur toutes les parties de son corps autant & plus de fer & de pierres qu'il en pourra porter ; tant qu'il vivra, qu'on lui donne le plus mauvais

____

(1) On oblige ainsi les prisonniers de l'Inquisition à dire eux-mêmes à leurs juges le sujet de leur détention.

pain & la plus mauvaise eau ; que le jour où il mangera, on ne lui donne point à boire, & point à manger le jour qu'il boira ; que ce régime soit observé jusqu'à sa mort. «

Les circonstances obligent souvent à établir des lois pénales contre des actions indifférentes en elles-mêmes ; & les législateurs seroient excusables, s'ils n'en portoient jamais que dans le cas de nécessité. En citant des exemples, on ne veut que prouver comment les hommes s'aveuglent, & dans quel besoin ils se trouvent.

Les Arabes Nabatéens défendirent, *sous peine de mort*, de semer du bled, de planter des arbres fruitiers, de boire du vin, ou de vivre sous des toits ; parce que ceux qui contractent ces habitudes s'assujettissent bientôt à des maîtres pour les conserver (1).

Après que les Carthaginois eurent conquis la Sardaigne, ils détruisirent tout ce qui pouvoit la rendre propre à nourrir des hommes, & comme ils vouloient qu'elle fût déserte, ils établirent une peine de mort contre ceux qui cultiveroient la terre (2).

Les sacrifices que fait la politique au salut

---

(1) Diod. de Sicile.
(2) Arist. *de Mirabilibus.*

public , font en très - grand nombre ; elle établit des peines capitales contre le maraudage
à l'armée, les attroupemens en différentes occafions , les converfations fur certaine matiere ,
l'entrée d'un lieu défendu , &c. &c. &c.

En 1496, le Parlement de Paris défendit , *fous
peine d'être pendus*, à tous ceux qui étoient atteints
du mal d'Amérique , de fe montrer dans les
rues , & aux étrangers infectés, de refter plus de
vingt-quatre heures dans la capitale (1).

Le roi d'Efpagne, pendant la guerre de 1740,
contre les Anglois , punit de mort fes fujets qui
introduifoient des marchandifes d'Angleterre , &
il infligeoit la même peine à ceux qui portoient dans les états d'Angleterre des marchandifes d'Efpagne.

L'intérêt d'un pays eft fouvent lié à des actions indifférentes , & on les interdit par des
lois prohibitives. Une loi d'Egypte prononçoit
une peine de mort contre ceux qui tuoient un
vautour. — On croit que cet oifeau détruit les in-
fectes & les reptiles , & l'on pourvoyoit à fa con-
fervation. On a décerné la même peine dans
les établiffemens françois d'Amérique , contre
ceux qui tuent des vaches ; & en Angleterre ,

____

(1) Cet édit eft dans Fontanon.

c'est encore aujourd'hui un crime capital de couper un cerisier dans un verger (1).

Une loi de Solon déclare infâmes ceux qui ne prennent point parti dans une sédition : il ne vouloit pas qu'on fût insensible aux malheurs publics , & qu'on mît sa personne & ses biens en sûreté, sans s'embarrasser de la patrie (2). Les colonies d'Amérique semblent adopter le même principe.

Il est défendu à Venise, sous peine de mort, de porter des armes à feu.

En plusieurs états de l'Europe , on pend les contrebandiers ou on les envoie aux galeres.

Un Athénien tua un moineau qui s'étoit réfugié dans son sein pour éviter un faucon ; on le punit de mort , & l'aréopage condamna au même supplice un enfant qui creva les yeux d'un petit oiseau (3). — On crut que le meurtrier de cet animal avoit un caractère féroce & dangereux dont il falloit délivrer la société.

Les Anglois inspirerent l'horreur du meurtre d'une maniere plus frappante. Par un acte de la cinquante-deuxieme année du regne d'Henri III,

---

(1) *Principles of penal Law.*
(2) Plutarque.
(3) Quintilien, Instit. liv. 5. ch. 9.

l'homicide commis par hasard, ou pour se défendre soi-même, étoit puni de mort, & cette loi a
été observé jusqu'en 1661.

César dit que les Gaulois tailloient en pieces
ceux qui arrivoient les derniers aux assemblées.
Si l'on prend ces expressions à la lettre, ils
mettoient quelqu'un à mort à chaque assemblée ;
mais il faut croire qu'ils ne punissoient ainsi que
ceux qui arrivoient après l'heure fixée.

Eusebe nous a conservé ce passage de Bar-
desanes. Chez les Seres, la loi défend le meurtre, le libertinage, le larcin, & toute espèce de
culte religieux. — Quand on prouveroit que le législateur interdit seulement l'exercice des religions dangereuses, le réglement seroit encore
absurde.

Les Negres & les Negresses du Pérou, ne peuvent avoir aucun commerce d'amour avec les
Indiens & les Indiennes, sous peine, pour les
hommes, d'être mutilés, & pour les femmes,
d'être fustigées vigoureusement (1).

» Quiconque aura coupé le poil de l'épaule
droite de son chien, dit Charlemagne, sera ajour-
né à notre cour (2). «

---

(1) Rel. d'Ulloa.
(2) Troisieme Capitul. art. 15. ann. 803.

Enfin,

Enfin, les lois font tombées dans les mêmes défauts, lorfqu'elles prétendent régir ce qui eft du reffort des mœurs & de l'opinion.

Un Capitulaire de l'empereur Louis défend de fe recoucher après Matines (1). Un autre de Pepin le Bref commande de donner la baftonnade à tout eccléfiaftique, & à tout moine qui viendra à la cour porter des plaintes contre fon évêque, ou fon abbé (2).

Parmi les anciennes Ordonnances de police, on en trouve une qui établit une amende de cent livres, contre quiconque achetera une truite, une carpe, ou un barbot, au-deffous de fix pouces de long entre l'œil & la queue ; & une perche, au-deffous de cinq, &c. &c.

Les Thébains mettoient à l'amende les peintres & les fculpteurs qui travailloient mal (3).

Caligula fonde à Lyon une académie, & il impofe à ceux qui concouroient aux prix d'éloquence grecque & latine ces conditions : » Les vaincus fourniront à leurs dépens les prix aux vainqueurs ; ils effaceront en outre leurs ouvrages avec une éponge : on battra de verges, &

____

(1) *In add. Capitul. Caroli magni.*
(2) Le trentieme article d'un Capitulaire de 755.
(3) Ælien, lib. 4. cap. 4.

Tome III.   I

on précipitera dans le Rhône ceux qui s'y refuferont. «

Il ne faut pas oublier la loi du royaume de Benin, qui condamne à mort tout Negre qui outrage un Européen ; on abbat d'un coup de hache la tête du coupable (1).

CHAPITRE V.

Lois pénales contre des innocens.

QUEL eft donc le défordre des fociétés , puifqu'on trouve par-tout des lois pénales contre les innocens? Parmi les vices qui dégradent les codes des différens peuples , celui-ci eft le plus monftrueux & le plus répandu. Les nations oublient les premieres maximes du bon fens & de la raifon : parce que les hommes forment des affociations particulieres, on a voulu qu'ils répondiffent mutuellement de leurs actions ; & comme on ne peut adminiftrer les états fans faire de grands facrifices, au lieu de reftreindre cette néceffité malheureufe , il femble qu'on ne cherche qu'à l'étendre le plus qu'il eft poffible. Le

______
(1) Rel. d'Artus.

légiſlateur n'eſt pas toujours corrompu ; quelquefois il déplore ſon ſort , & il a regret d'envelopper ainſi l'innocence dans la proſcription des coupables ; mais il ſe laiſſe entraîner par le mouvement de la machine politique , & ſouvent il multiplie les maux avec de bonnes intentions.

On va réduire , ſous différens chefs , les lois contre les innocens , & rechercher comme on eſt parvenu à les établir.

On a dit dans le livre de la diſtinction des rangs & de la nobleſſe , combien il y a ſur la terre de races aviliés & proſcrites dont les enfans ſont condamnés , avant de naître , à l'infamie & au malheur. On peut ſe rappeller le ſort des Pouliats.

Comme la propriété n'eſt originairement fondée que ſur l'uſurpation , le riche redoute les hommes qui n'en ont point : il a recours à des précautions tyranniques , & parce que la tranquillité eſt eſſentielle à l'ordre des gouvernemens , on favoriſe les vues des propriétaires , & l'on n'a pas cru pouvoir aller trop avant. Ainſi l'on connoît une foule de pays où le créancier ſaiſit la femme & les enfans du débiteur (1).

Au Pégu , il les attache à ſa porte ; il les y

____

(1) C'eſt ce qui s'obſerve à Bantam. Prevôt , t. 1.

expofe aux ardeurs brûlantes du foleil, jufqu'à ce qu'il foit payé. Il a même le droit de coucher avec la femme de fon débiteur, mais alors la dette eft acquittée (1).

A Loango, on fe faifit de la perfonne d'un des parens du banqueroutier, & on le tient en prifon (2).

Le Coréen, qui n'acquitte pas fes dettes, reçoit deux ou trois fois par mois des coups fur les os des jambes : s'il meurt durant cet intervalle, fes plus proches parens font obligés de payer pour lui, ou de fubir le même châtiment (3).

Si les créanciers demandent trois fois devant des témoins ce qui leur eft dû par un Negre, que fa puiffance & fa fortune ne leur permettent pas d'arrêter, ils ont droit de faifir le premier efclave qu'ils trouvent, en difant : *Je t'arrête pour telle fomme qui m'eft dûe par un tel.* Le maître de cet efclave eft obligé de payer la fomme en vingt-quatre heures, finon le créancier peut le vendre : fi un feul efclave ne fuffit pas, ils en arrêtent plufieurs (4).

---

(1) Rel. de Balby.
(2) Ogilby & Dapper.
(3) Rel. d'Hamel.
(4) Defcript. de la Guinée, Barbot.

D'autres Negres imaginerent de rendre le public responsable des engagemens d'un débiteur,
afin que les sollicitations, le mépris & les outrages, engagent celui-ci à payer ce qu'il doit.
Les créanciers enlevent le bien de ses voisins.
Ils menacent un pere de famille de tuer quelqu'un qu'ils nomment, s'il n'acquitte pas sur le
champ une somme prêtée à son fils ou à son
neveu : le malheureux pere de famille est responsable du crime.

Les hommes, entourés de furieux égarés
par leurs passions ont souvent à craindre pour
leur vie, & le meurtre est si épouvantable que les
lois prennent des précautions extrêmes, afin de
prévenir les assassinats. Elles poursuivent, ou du
moins elles encouragent à poursuivre les parens
du coupable, comme on l'a vu plus haut. Les
Arabes ne punissent pas l'homicide ; on laisse à
la famille du mort le soin de le venger. Elle a
droit de tuer tous ceux que les liens du sang
unissent au meurtrier. Il faut que l'un d'eux périsse
par le fer ou par le poison ; mais si un parent
du défunt meure dans ce combat, il n'y a plus
de paix à espérer, avant que deux hommes de
l'autre parti subissent le même sort (1).

-----

(1) Voyage de Niehbuhr.

Qui le croiroit! on a imposé des peines encore plus terribles pour de moindres crimes. — » Au Malabar, les hommes de la tribu d'une femme adultere peuvent tuer, pendant trois jours, tous ceux de la tribu du séducteur, sans distinction d'âge ni de sexe. Les Naïres se vengent sur les Tives & sur les Chates ; ceux-ci sur les Maucouats, & les Maucouats sur les malheureux Pouliats (1). «

On punit de bonne heure les peres pour les fautes de leurs enfans ; car c'étoit l'usage du Pérou (2), & on l'observe encore aujourd'hui à la Chine.

Afin qu'ils se surveillent mutuellement, on fit courir aux uns & aux autres les mêmes dangers : un capitulaire de Charlemagne (3) défend d'exécuter les peres pour les enfans & les enfans pour les peres.

Bientôt ces châtimens ne se bornerent pas aux parens qui habitoient sous le même toit : on les étendit sur ceux qui étoient les plus éloignés. M. le Gendre fait un long détail des peuples qui

---

(1) Voyage de Dellon. On a parlé ailleurs de cet usage.

(2) Voyez Garcillasso de la Vega.

(3) Liv. 6.

exterminoient, avec un criminel, toute sa parenté (1).

Les Egyptiens condamnoient souvent les coupables, & toute leur famille, à servir dans les mines. Ces malheureux, enchaînés par les pieds, portoient des lampes à leur front : on livroit les vieillards, les femmes, les enfans, les malades & les estropiés à la merci des bourreaux, qui les accabloient de travail, jusqu'à ce qu'ils mourussent (2).

La république de Tlascala condamnoit à une peine capitale tous les parens d'un traître, jusqu'au septieme degré (3); & une loi d'Athenes dévouoit à la mort les gens inutiles, lorsque la ville étoit assiégée (4). Lysias, dans une de ses harangues, rapporte en passant & comme une maxime simple, que si la république manquoit d'argent, on exécutoit bientôt un homme riche, soit citoyen, soit étranger, pour confisquer ses biens.

On ne parle point ici des tyrans ; on sait assez qu'ils ne s'embarrassent pas de punir l'in-

---

(1) Traité de l'Opinion, t. 6.
(2) Diod. de Sic. l. 3.
(3) Herrera.
(4) *Inutilis ætas occidatur.* Syr. in Hermog.

nocence. La loi de Sylla faisoit mourir l'homme qui accordoit un asyle aux proscrits, & même ses enfans étoient exclus de tous les emplois.

Sarris vit exécuter au Japon deux hommes & une femme ; voici leur crime. La femme, dans l'absence de son mari, donna un rendez-vous aux deux hommes à différentes heures ; celui qui devoit venir le dernier se présente au moment où l'autre y étoit encore, & furieux il se venge à coups de sabre. Le bruit attire les voisins, qui se saisissent des trois personnes, & sans mettre de distinction entre leurs crimes, l'empereur les envoye sur le champ au supplice.

Le meurtre d'un souverain, ou l'attentat sur sa personne est un abominable forfait ; mais à ne consulter que la raison, les fils d'un coupable de haute trahison devroient être disgraciés plutôt que punis. Ainsi le rescrit des empereurs Arcadius & Honorius (1), cité dans la note, avance une maxime qui n'est pas vraie.

---

(1) Voici comment ils s'expriment au sujet des fils d'un coupable de haute trahison : *Filii verò ejus, quibus vitam imperatoriâ specialiter lenitate concedimus, (paterno enim deberent perire supplicio, in quibus paterni, hoc est hæreditarii criminis exempla metuuntur), à maternâ, vel avitâ, omnium etiam proximorum hæreditate ac successione habeantur alieni : testamentis extraneorum nihil*

Enfin, il y a des gouvernemens où l'on souffre qu'un innocent soit exécuté à la place d'un criminel. Gemelli Careri a vu donner la bastonnade à un Chinois qui la recevoit pour un autre.

CHAPITRE VI.

Lois contraires à la nature & à la raison.

Outre les lois dont on a déjà parlé, on en trouve d'autres qui blessent plus particulierement la nature & la raison.

Des peuples grossiers croyent qu'un criminel Asyles. est à l'abri des pourfuites, lorsqu'il se réfugie vers la divinité, & il y a dans cette erreur un sentiment qui la rend pardonnable; mais on a lieu de déplorer leur aveuglement. Quand on ordonne de ne plus pourfuivre un coupable, dès qu'il est sur la porte d'un temple, la religion favorise les criminels; cependant il y avoit beaucoup d'asyles chez les Payens, & les villes de

---

capiant : sint perpetuo egentes & pauperes, infamia eos paterna semper comitetur . . . . sint postremò tales ut his sit & mors, & solatium, & vita supplicium. L. 5. Cod. ad leg. Jul. Majest.

l'Egypte, de la Syrie, de la Grèce & de la Caldée en étoient remplies (1).

Une loi des Bourguignons (2) réduisoit en esclavage la femme ou le fils qui ne révéloit pas le vol de son mari ou de son pere. D'autres condamnent à mort la fille devenue grosse, qui ne déclare pas sa turpitude, ou l'homme charitable qui retire chez lui un citoyen impliqué dans une conspiration.

Si un Japonois est accusé d'un crime, & que ses réponses contiennent la moindre fausseté, il est sur le champ puni de mort.

Les Athéniens proposoient à un criminel de choisir entre différentes peines ; mais la loi ordonnoit de le traiter sévérement, s'il choisissoit la plus modérée.

L'ancien code des Anglois blesse sur-tout les sentimens naturels. Ces insulaires auroient un caractère pareil à celui des Japonois, si la tyrannie les corrompoit ; & il faut remarquer que ces peuples, placés aux deux extrémités de notre continent, se ressemblent beaucoup par l'atrocité de leurs lois, comme le prouvent différens traits épars dans ce livre.

Lois qui blessent la nature.

---

(1) Osiander, _de Asylis gentium._ Coll. de Gron. t. 6.
(2) _Lex Burgundiorum_, tit. 41.

Au douzieme siecle, des magistrats qu'on ap-
pelloit *Justiciarii in itinere*, faisoient tous les sept
ans le tour du royaume pour juger les criminels.
La moitié des accusés mouroit ordinairement en
prison, en attendant qu'on les jugeât, & lorsqu'on les exécutoit, on ne se souvenoit plus de
leurs crimes (1).

Un gentilhomme avoit un daim blanc dans
son parc, Edouard IV le tua. Le maître du daim
dit en colere : *Je voudrois que celui qui a conseillé
ce divertissement au roi, eut le daim & ses cornes
dans le ventre.* Comme personne n'avoit donné de
conseil au prince, cette imprécation passa pour
un crime de lèse-majesté, & on fit mourir le
gentilhomme (2).

On a long-tems condamné à la mort un homme qui voloit dans la poche, ou qui prenoit un
effet de la valeur de douze pences.

Les criminels profitoient autrefois du *bénéfice
du clergé.* Si un coupable, condamné à mort, sa-
voit lire, il échappoit au supplice : on le mar-
quoit à la main d'un fer chaud, & il étoit absous.
Cette loi n'est pas même aujourd'hui entierement
abolie.

---

(1) *Principles of penal Law.*
(2) *Ibid.*

Enfin, les lois qui bleſſent trop le bon ſens & la raiſon deviennent ridicules. Les Viſigoths obligerent les Juifs à manger tout ce qui étoit apprêté avec du cochon, mais on leur défendoit de manger du cochon (1).

On ne peut mieux terminer ce chapitre que par ce paſſage de Suétone (2). Les bourreaux romains violoient une fille vierge avant de l'étrangler, parce qu'il étoit défendu d'étrangler une vierge.

CHAPITRE VII.

Lois pénales contre des actions qui ne ſont pas ordinairement défendu s par les légiſlateurs.

Parce que l'homme eſt difficile à conduire, parce qu'il trouble la terre, on a multiplié les lois & les ſupplices, & il ſeroit intéreſſant d'examiner juſqu'où cette multitude de réglemens & de peines, a dépravé & corrompu les peuples; car, dès qu'il regne un abus, on l'interdit par

____

(1) *Codex Wiſigothorum*, l. 12. tit. 2.
(2) *In Tiberio.*

une loi, fans examiner fi cet expédient aggrave le mal.

Parmi les lois que l'on va citer, il y en a dont nous ne pouvons pas fentir la fageffe, & qu'on n'a pas deffein de critiquer.

Les Péruviens puniffoient l'oifiveté comme le plus grand crime, parce qu'elle eft la fource de tous ceux qu'on peut commettre : les vieillards & les infirmes, incapables de travailler, étoient nourris par le public ; mais on les chargeoit de préferver du dégât des oifeaux les terres enfe-mencées. — Cette loi étoit bonne pour un peuple qui commençoit à fe civilifer.

Le farouche Dracon décerna une peine de mort contre la pareffe & l'oifiveté : Solon per-mit à chacun d'accufer un homme oifif, & fi celui ci ne fe juftifioit pas, il étoit déclaré *infâme*. Cette loi fe répandit dans la fuite jufqu'en Si-cile (1).

Charondas défendit, fous de très-graves pei-nes, de fréquenter les méchans (2).

On peut voir ailleurs la loi des Gaulois contre les hommes trop gras, & celle de Pittacus con-tre les fautes commifes pendant qu'on eft yvre.

______

(1) Plutarque, *in vitâ Solonis*. Hérod. & Diod.
(2) Diod. de Sic. l. 12. ch. 7.

Dans le royaume d'Ardra, le propriétaire de la maison par où commence un incendie, est impitoyablement puni de mort.

Les lois d'Egypte décernerent des peines capitales contre le parjure ; contre ceux qui ne déclaroient pas leur nom, leur profession & leurs revenus ; & même contre celui qui ne défendoit pas son compatriote qu'on vouloit tuer, ou à qui l'on faisoit outrage (1).

La république de Tlascala condamnoit à la mort, pour un mensonge (2).

Un Japonois qui hasarde de l'argent au jeu, est puni de mort (3).

Les décemvirs porterent une peine capitale contre les auteurs des libelles & contre les poëtes.

Autrefois une courtisane qu'on trouvoit pour la troisieme fois dans la rue, étoit punie de cette maniere, *amputabatur ei tressoria & tondebatur ;* & la quatrieme fois, on lui coupoit la lévre supérieure (4).

Les circonstances amenent des découvertes

---

(1) Diod. de Sic. l. 1. sect. 2.
(2) Herrera.
(3) Esprit des Lois, l. 6. ch. 13.
(4) *Principles of penal Law.*

auxquelles on n'auroit jamais penſé , & l'on établit des lois qui paroiſſent ſingulieres. Voici un
article de la Déclaration de Louis XIV en 1677 :
» Les criminels condamnés à ſervir ſur nos galeres , comme forçats , leſquels , après leur jugement , *auront mutilé ou fait mutiler leurs membres ,*
ſeront punis de mort , pour réparation de leurs
crimes (1). «

On traite les Chinois comme des enfans :
les cours des tribunaux ſont remplies d'hommes
en pénitence. Un jeune marié , qui aimoit le jeu ,
perdit une partie de la ſomme que ſon pere lui
avoit donnée pour ſon établiſſement : les exhor-
tations , les réprimandes & les menaces ne pu-
rent le corriger , & ſes parens l'amenerent au
tribunal. Le mandarin voulut d'abord lui faire
donner la baſtonnade , mais il fut moins ſévere ;
il prit enſuite un livre compoſé par l'empereur pour l'inſtruction de ſes ſujets , & l'ouvrant à l'article de l'obéiſſance filiale , il dit au
jeune homme : » Vous me promettez de renoncer
au jeu & d'écouter les conſeils de votre pere.
Je vous pardonne pour cette fois ; mais allez
vous mettre à genoux dans la galerie , du côté
de la ſalle de l'audience , & tâchez d'apprendre

-----

(1) Code pénal.

par cœur cet article : vous ne quitterez le tribunal qu'après me l'avoir répété , & m'avoir juré
de l'obferver pendant tout le refte de votre vie.
Cet ordre fut exécuté ponctuellement. « Le jeune
homme eut befoin de trois jours pour apprendre
l'article (1).

CHAPITRE VIII.

Invariabilité & dureté des lois pénales.

Comment a-t on imaginé que les lois font
bonnes pour tous les tems ? Ce préjugé eft la
fource de la plupart des abus qui regnent fur la
terre , & c'eft lui qui défend les lois barbares
qui gouvernent aujourd'hui l'Europe. On les établit dans des tems d'ignorance ; les circonftances
les rendoient excufables alors , & on les conferve
maintenant que nous fommes éclairés & qu'elles
font dangereufes. Les tribunaux , chargés du
dépôt des lois , reftent attachés aux anciennes
formes ; & , par une illufion inconcevable, ils
croyent qu'il eft de leur devoir de les maintenir
toujours.

______

(1) Duhalde.

On

On a voulu d'ailleurs plier les hommes fous le joug des lois, au lieu de plier les lois fous celui des circonſtances : on a fait une ſcience de l'art de gouverner les peuples ; on a établi des maximes & des principes généraux ; de toutes ces combinaiſons, on a formé de faux réſultats, & pour rendre le mal incurable, on a porté en différens pays des peines contre ceux qui entreprendront de le guérir. Il n'étoit plus au pouvoir du roi des Medes de révoquer une loi, & on l'appelle dans l'écriture, *irrévocable* (1).

Les Scythes condamnoient à mort celui qui propoſoit le moindre changement à leurs coutumes & à leurs lois (2). Charondas les faiſoit obſerver, lors même qu'elles étoient injuſtes (3).

Les légiſlateurs répandent avec trop de profuſion le ſang des coupables ; & des philoſophes croyent qu'il faudroit abolir les peines capitales pour y ſubſtituer des châtimens qui frappaſſent

Dureté des lois.

---

(1) Daniel, cap. 6.

(2) Herod.

(3) Diod. de Sic. l. 22. ch 7. Tant qu'une loi mauvaiſe n'eſt pas abolie, l'ordre public veut qu'on lui obéiſſe ; mais c'eſt au légiſlateur à la changer, dès qu'il la reconnoit vicieuſe.

Tome III. K

davantage les sociétés ; mais , hélas ! ce projet ; bon ou mauvais , ne sera jamais exécuté , & en l'examinant on est obligé d'y mettre des restrictions.

Les peines sont trop séveres dans les grandes sociétés , & il est permis de se récrier contre la dureté des lois , lorsqu'on voit fusiller un déserteur , ou pendre un valet qui a dérobé cinq sols. Le meurtre cependant ne mérite ni pardon ni indulgence. On plaint l'homme passionné ou brutal qui tue son semblable ; mais c'est un être dangereux dont il est important de délivrer l'état. La terreur qu'inspire l'aspect de la mort , arrête souvent les scélérats quoiqu'on en dise, & l'esclavage perpétuel , des travaux durs & pénibles , ni même l'infamie publique , ne répriment pas aussi fortement. D'ailleurs , ce seroit un affreux spectacle que celui de tant de misérables sans cesse sous la main des bourreaux. Il est bon d'écarter ces images autant qu'il est possible , & les gouvernemens modernes sentent cette vérité : on exécute promtement les criminels ; on veut que l'appareil de la mort dure assez pour épouvanter , mais non pas pour contrister habituellement la nation.

L'homme est difficile à gouverner , & soit qu'il se déprave , ou qu'il naisse corrompu , il est souvent méchant. Le légiſlateur paſſera pour cruel quoiqu'il faſſe, & telle eſt la déplorable condition de notre eſpèce, que les rêves des écrivains ſenſibles ſur l'harmonie des corps politiques ne ſont qu'une chimere.

Les peines capitales devroient être abolies dans toutes les contrées, où l'on peut en établir d'autres équivalentes : ainſi le margrave de Bade - Dourlach les a ſupprimées ſans inconvénient, & la Ruſſie elle-même ne s'eſt pas mal trouvée d'avoir ſuivi à-peu-près le même plan ſous le dernier regne. Quelques peuples y ſont trop accoutumés pour qu'on en ſubſtitue d'autres, & quoiqu'on ne doive peut-être pas les établir dans une ſociété naiſſante, ſi ce n'eſt contre les meurtriers, l'habitude les rend néceſſaires à ceux qui en ont depuis des milliers d'années.

La plupart des délits qu'on punit de mort ne méritent point ce châtiment, & le progrès des lumieres, diminuera la ſévérité des lois ; les réclamations des philoſophes, par exemple, excitent le zèle des gouvernemens ſur la peine qu'on inflige aux déſerteurs, & pluſieurs ſe ſont déjà corrigés. Une foule de lois tombent en déſuétude, & l'on voit que, depuis un ou deux ſiecles, on exécute beaucoup moins de criminels.

K ij

Les regiſtres des différens tribunaux de l'Eu‐
rope, atteſtent la vérité de cette obſervation ;
& pour ne citer qu'un exemple remarquable,
Harriſon dit que, ſous le regne d'Henri VIII,
depuis 1509 juſqu'en 1547, on fit mourir, en
Angleterre, ſoixante & douze mille criminels,
(c'eſt-à-dire, à-peu-près ſix par jour,) tandis
qu'aujourd'hui on n'en condamne plus à mort
qu'une centaine par année (1).

---

(1) *Sketches of the hiſtory of man.*

LIVRE QUATORZIEME.

DES ÉPREUVES.

C'EST un spectacle intéreſſant de voir des malheureux qui n'imaginent pas que la divinité puiſſe protéger un coupable, & qui attendent des miracles à chaque inſtant pour découvrir la vérité. Cette perſuaſion fait honneur à leur caractère ; mais, d'un autre côté, les ſuites en ſont funeſtes à l'innocence.

Il importe ſouvent aux hommes de découvrir la vérité ; & comme ils manquent de moyens pour y parvenir, dans leur embarras, ils recourent à la divinité. Il ſemble que l'Être ſuprême doive répondre à ce qu'exigent de lui les mortels ; ils ne craignent point de lui demander d'intervertir le cours de la nature, ou d'en arrêter les opérations. Les épreuves commencent de bonne foi ; mais les prêtres ou les magiſtrats établiſſent par la ſuite celles qui ſont les plus favorables à leur deſſein.

Univerſalité des épreuves. Tous les peuples ont une époque de barbarie où ils adoptent les épreuves, & ils les conſervent quelquefois dans les tems les plus éclairés. Sophocle, & les Auteurs anciens, nous apprennent qu'elles furent adoptées par les Grecs (1).

On a inventé toutes ſortes d'épreuves ; mais on s'arrêtera davantage ſur celles du feu, de l'eau & du duel, qui ont été mieux approfondies par les peuples de l'Europe.

Épreuves par leſquelles on ne demande point à la divinité des miracles. Autrefois lorſqu'un Arabe ſoupçonnoit la fidélité de ſa femme, & qu'il entreprenoit un voyage, il lioit enſemble des branches d'un arbre appellé *al ratam*, & ſi, à ſon retour, il les trouvoit dans la même poſition, il concluoit que ſa femme étoit fidelle (2).

Ce premier expédient fait naître une réflexion. Il y a peut-être eu dans les épreuves une gra-

---

(1) Voyez l'Antigone de Sophocle. Euſthatius l. 8 & 9, *de Amoribus Iſmeniæ & Iſmenias.* Tatius, l. 9. *de Amoribus Clitoph.*

(2) Vid. *Specimen Hiſtoriæ Arabum* du docteur Pocock.

dation de folie, & peut-être qu'on ne recourut
pas tout de fuite à celles qui demandent des miracles. Ainfi l'on en trouve plufieurs qui ne ren-
verfent pas abfolument les lois de la nature, &
alors on prend un événement naturel pour une
atteftation de la divinité.

Moyfe imagina les *eaux de jaloufie* ; on en donnoit à boire, avec beaucoup de cérémonies, à la
femme foupçonnée, & fi elle étoit coupable, fon
ventre s'enfloit, dit-on, jufqu'à *crever*. — Il eft
aifé de concevoir que certaines potions font capables de produire l'enflûre, & il eft sûr que c'eft
un effet du tempérament & non pas de l'innocence, ou du crime.

Les Negres de Loango emploient une liqueur
empoifonnée, appellée *Bonda*. ∞ Les miniftres
du Bonda font au nombre de neuf ou dix, qui
fe tiennent ordinairement affis dans les grandes
rues. L'accufateur leur apporte les noms de ceux
qu'il foupçonne, & jure, par les Mokiffos, que
fes dépofitions font finceres. Les accufés font
cités avec leur famille ; car il arrive rarement
que l'accufation tombe fur un feul, & fouvent
tout le voifinage y eft compris. Ils fe rangent fur une ou plufieurs lignes, pour s'approcher fucceffivement du miniftre, qui ne ceffe
point, pendant ces préparatifs, de battre fur un

petit tambour : chacun reçoit sa portion de liqueur, l'avale, & reprend sa place. Alors le ministre se leve, & les touche avec de petits bâtons de bannanier, en les sommant de tomber, s'ils sont coupables ; ou de se soutenir sur leurs jambes, & de pisser librement, s'ils n'ont rien à se reprocher. Il coupe ensuite une des mêmes racines dont la liqueur est composée, & jette les morceaux devant lui. Tous les accusés sont obligés de marcher dessus d'un pas ferme Si quelqu'un a le malheur de tomber, l'assemblée pousse un grand cri, & remercie les Mokissos de l'éclaircissement qu'ils accordent à la vérité. Celui qui a le moins de force pour supporter le poison, est déclaré coupable. On donne promtement des antidotes aux autres, & on les reconduit dans leurs hutes avec de grandes acclamations (1). « Les personnes riches remettent la liqueur à un de leurs esclaves ; & si cet esclave tombe, le maître doit l'avaler à son tour. Battell assûre que la cérémonie de l'épreuve se renouvelle toutes les semaines à Loango, & qu'elle y fait périr un grand nombre d'innocens.

Les Siamois terminent leurs différends d'une maniere aussi étrange. Les deux parties avalent

---

(1) Rel. de Battell dans Prevôt, t. 4.

des pillules purgatives, & celle qui les garde plus long-tems dans l'eſtomac, ſans les rendre, gagne ſon procès.

Il faut bien qu'un peuple groſſier raffine ſur la groſſiereté des épreuves qu'il emploie. Autrefois lorſqu'un Ruſſe prétoit ſerment pour ſe diſculper d'un crime, on l'obligeoit à ouvrir la veine d'un chien ſous la cuiſſe gauche : il en ſuçoit le ſang, juſqu'à ce que l'animal mourût épuiſé ; s'il vomiſſoit ce ſang, ou s'il étoit incommodé, on le déclaroit coupable (1).

On raconte des faits merveilleux ſur l'épreuve du cercueil, qui a été long-tems répandue en Allemagne. Quand il ſe commettoit un aſſaſſinat, & qu'on ne connoiſſoit pas le meurtrier, on mettoit le cadavre ſur un cercueil, & tous ceux qu'on ſoupçonnoit venoient le toucher. On dit qu'on appercevoit un mouvement dans les yeux, la bouche, les mains & les pieds, &c. & même que la plaie ſaignoit, & qu'on regardoit comme coupable celui qui tenoit le cadavre dans ce moment. — C'eſt ainſi que parlent les Auteurs, de cette épreuve ; mais le cadavre n'avoit que des mouvemens naturels. Il eſt probable qu'on examinoit plutôt le viſage & l'effroi de chacun, &

---

(1) Voyage de Corneille le Brun, t. 1.

qu'on imagina cette confrontation pour découvrir si la confcience ne trahiroit point le criminel.

Les prêtres inventerent une épreuve analogue à quelques cérémonies de l'églife, & les tribunaux de l'Officialité l'ordonnerent. L'évêque de Paris & l'abbé de S. Denis fe difputoient le patronage d'un monaftere. Le roi Pepin nomma deux hommes qui terminerent ce procès par l'épreuve de la croix. L'homme de l'évêque fe laffa le prémier, baiffa les bras, & lui fit perdre fa caufe (1).

Dans le royaume de Benin, les épreuves feules décident tous les procès, & on les ordonne, même pour les accufations les plus légeres. On en diftingue quatre & une cinquieme, qui n'a lieu que lorfqu'on a commis un crime capital, & dont nous parlerons au paragraphe des épreuves fur l'eau.

» Dans la premiere, l'accufé eft conduit devant le prêtre, qui graiffe une plume de coq, & lui en perce la langue. Si la plume pénetre aifément, c'eft une marque d'innocence ; mais fi la plume s'arrête dans la langue & caufe de l'embarras au prêtre, c'eft un fi mauvais figne, que

______

(1) Effais hift. fur Paris, par M. de Saint-Foix.

le crime n'a plus befoin d'autre preuve. — Dans la feconde, le prêtre prend un morceau de terre qu'il paîtrit & dans lequel il fait entrer fept ou huit plumes de coq, que la perfonne foupçonnée doit tirer fucceffivement. Si elles fortent fans peine, c'eft un figne d'innocence; mais fi l'on s'apperçoit de quelque difficulté, c'eft une conviction du crime. — La troifieme fe fait en crachant le jus de certaines herbes dans les yeux de l'accufé. S'il n'en reffent aucun mal, il eft renvoyé libre; fi fes yeux deviennent rouges & enflammés, il eft déclaré coupable & condamné à payer une amende. — Dans la quatrieme, le prêtre frappe trois fois l'accufé fur la langue, avec un anneau de cuivre chauffé au feu; & pour qu'il foit déclaré innocent, il faut qu'il n'y ait aucune marque de brûlure. «

Nyendal, dont on tire ce paffage, fait une remarque importante : » J'ai été témoin, dit-il, de ces quatre épreuves; *tous les accufés furent déclarés coupables.* « Cet événement eft naturel, & les Negres reftent dans leur aveuglement, quoique l'expérience dût les en tirer. La premiere épreuve & la feconde dépendent abfolument du caprice des prêtres, qui font les maîtres de condamner ou d'abfoudre : mais les peuples n'entrevoient pas la raison de ces phénomenes ; & l'idée qu'ils se forment de la justice de Dieu , écarte de leurs esprits les réflexions les plus simples.

Soit qu'on commence par des moyens naturels , soit que tout de suite on demande à Dieu des témoignages miraculeux, la plupart des épreuves sont de la derniere classe : elles font périr ainsi un plus grand nombre d'innocens , ou elles sauvent un plus grand nombre de coupables.

Une premiere erreur suffit souvent pour conduire l'homme à toutes les absurdités , & l'on ne s'accoutume point à celles qu'on va rapporter.

Les Negres d'Angola mettent du poison dans un fruit nommé *nichesi* , que mâche l'accusé : à peine en a-t-il goûté que sa langue & sa gorge s'enflent ; il meurt , sur le champ , si le prêtre , qui administre l'épreuve , ne lui donne son antidote ; & ceux mêmes qui échappent à cette opération , conservent des douleurs aigues pendant plusieurs jours (1).

Il y eut dans l'antiquité un peuple qui éprouvoit la chasteté des femmes , en exposant les

____

(1) Voyage de Merolla.

enfans aux morfures des afpics & des vipe-
res (1).

Lorfqu'un Indien de la Côte de Coromandel
fait un ferment, il eft obligé de mettre la main
dans un pot, où il y a un ferpent ; & s'il en eft
piqué, on le regarde comme un parjure (2).

Parmi les différentes épreuves en ufage à Siam,
on expofe aux tigres deux accufés, ou deux
hommes qui ont une conteftation ; celui qu'ils
épargnent eft cenfé innocent (3), & s'ils font
dévorés tous deux, ils paffent tous deux pour coupables.

On pourroit en citer beaucoup d'autres encore plus fingulieres. Les peuples recoururent
volontiers à l'épreuve de l'eau & du feu, parce
qu'on connoît bien les effets de ces deux élémens ; mais ces épreuves s'adminiftrerent de différentes manieres.

Les gangas, ou les prêtres de Congo, approchent de la peau de l'accufé, une hache brûlante ;
fi l'accufation tombe fur deux perfonnes, ils
mettent la hache entre les jambes de l'un & de

---

(1) Lucain, l. 9. Tzetz. Chil. 4. Hift. 135. Solin,
ch. 1.

(2) Bekker, Monde enchanté, l. 1. ch. 8.

(3) Rel. de la Loubere.

l'autre sans les toucher ; & lorsque l'ardeur du feu ne laisse aucune impression, c'est une preuve d'innocence (1).

Les Jalofs léchent à trois différentes reprises un fer brûlant. Les insulaires de Madagascar y portent sept fois la langue, & on déclare qu'ils ne sont point coupables, s'ils résistent à cette épreuve (2).

A Siam, on construit une fosse de cinq brasses de longueur & d'une de largeur, qu'on remplit de charbons allumés. Les accusés la traversent nuds pieds d'un bout à l'autre, & celui dont la plante résiste à l'ardeur du feu, gagne sa cause. La Loubere observe que la plante des pieds des Siamois, qui ne portent point de chaussures, est très-raccornie, & que souvent le feu ne les blesse point, quoiqu'ils s'appuient sur les charbons. Deux hommes marchent à côté de celui qui passe au milieu du feu, & ils pressent ses épaules avec force, pour l'empêcher de se dérober trop vite à l'épreuve.

D'autres fois on les contraint à plonger leurs mains dans de l'huile, ou dans une autre matiere bouillante. Un François se plaignit d'avoir été

---

(1) *Pilgrimages of purchass*, vol. 5.
(2) Rel. de le Maire & de Barbot.

volé, dit la Loubere : on lui perfuada de remplir fa main d'étain fondu ; elle fut prefque confumée, tandis que le Siamois ne fe brûla pas, & fut renvoyé abfous (1). Le même Voyageur fait cette obfervation. Les habitans du pays ont grand foin de fe familiarifer, dès leur jeuneffe, avec *l'eau & le feu*, & cette précaution eft fort naturelle. Enfin, voici le dernier excès de l'aveuglement ; fi l'une de ces épreuves ne fuffit pas pour indiquer clairement la vérité, on les oblige d'en fubir une autre.

Au Malabar, on applique le fer d'une hache rougie au feu, fur la main de l'accufé, couverte d'une feuille de bananier, & on l'y laiffe jufqu'à ce qu'il ait perdu fa rougeur, c'eft à dire environ trois minutes. Alors l'accufé le jette à terre, & préfente fa main à des hommes qui l'enveloppent en y mettant un cachet. Huit jours après, on la découvre en public ; s'il n'y a point d'apparence de brûlure, on renvoie le prifonnier abfous, & s'il y refte une marque de feu, on le conduit fur le champ au fupplice (2).

Les anciens Bretons plaçoient deux barres de fer rouges, à quelque diftance l'une de l'autre ;

---

(1) Rel. de la Loubere.
(2) Voyage de Dellon.

on bouchoit les yeux de l'accusé; on le faisoit marcher nuds pieds entre ces barres, & on le déclaroit innocent, s'il ne se brûloit point (1).

La même épreuve fut long-tems en usage chez nos ancêtres. Le coupable empoignoit un fer chaud, on mettoit ensuite sa main dans un sac qu'on cachetoit; & pour qu'on le déclarât innocent, il falloit que trois jours après il n'y restât aucune marque de brûlure.

La religion autorisoit expressément ces épreuves; car, aux dixieme & onzieme siécles, plusieurs abbayes revendiquoient le droit de bénir le feu, & de conserver les fers & les chaudieres (2).

Ces épreuves employées d'abord comme des moyens extraordinaires, s'introduisent bientôt dans la Jurisprudence, & l'on croit que cette méthode suffit seule pour discerner l'innocent du coupable, & découvrir dans un procès de quel côté se trouve la vérité.

Epreuves de l'eau. L'épreuve de l'eau bouillante ressembloit à celle du feu, puisque l'homme qu'on y plongeoit devoit n'en ressentir aucune brûlure; & même elle étoit bien plus dangereuse, car il est moins

------

(1) Hist. d'Anglet. de Littleton, t. 1.
(2) Hist. Crit. des pratiques superstitieuses, t. 2.

aisé

alisé d'empêcher l'action du feu sur tout le corps,
que sur une seule partie. On l'imagina peut être,
pour arrêter les supercheries, qu'on avoit découvertes dans l'épreuve du feu, ou pour qu'il ne
restât plus aucune crainte.

Il y a sur l'épreuve de l'eau froide des contradictions sans nombre & des différences particulieres.

Quand les anciens Gaulois soupçonnoient la
fidélité d'une femme, ils exposoient ses enfans
sur un fleuve ; il engloutissoit, dit-on, ceux qui
n'étoient pas du mari, & il conduisoit mollement
les autres jusqu'au rivage (1).

Les juges de Siam ordonnent à deux hommes
qui plaident de se plonger en même tems dans
l'eau & d'y rester appuyés contre une perche , & l'on condamne celui qui y reste le
moins de tems (2). On suit le même usage au
Pégu (3).

Les Negres de Juida conduisent l'accusé au
bord d'une riviere , qui noye sur le champ
tous ceux qui ont la conscience chargée de
quelque crime ; mais comme les Negres sont

------

(1) Julian. Imp. Epist.
(2) Rel. de la Loubere.
(3) Hamilton , *Account of the East India.*

d'habiles nageurs, Bosman fut témoin plusieurs fois de la cérémonie, & l'on ne trouva aucun coupable.

Ceux de Benin croyent aussi qu'une de leurs rivieres soutient l'innocent qu'on y plonge, lors même qu'il ne sait pas nager, & qu'elle engloutit, au contraire, le plus habile nageur, dès qu'il a commis un crime (1).

Dans les épreuves ordinaires, le coupable est victime de l'action des élémens, & l'innocence attend de Dieu un miracle pour se justifier ; ainsi le *jugement de l'eau*, tel qu'on le pratique chez les Negres, semble assez naturel. Cependant cette épreuve vint s'établir en Europe, & on lui donna un sens tout-à-fait différent. On jettoit l'accusé dans une grande cuve pleine d'eau bénite ; on lioit sa main droite à son pied gauche, & sa main gauche au pied droit ; s'il enfonçoit, on le croyoit innocent, & s'il surnageoit, on jugeoit que l'eau le rejettoit de son sein, & qu'elle ne vouloit pas recevoir un coupable. Les Negres, qui font cette épreuve dans une riviere, demandent donc, pour marque d'innocence, un signe contraire à celui

____

(1) Rel. de Nyendal.

que demanderent nos ancêtres, qui la faifoient dans une cuve.

Les hommes peuvent arrêter en quelque forte l'action de l'eau, tandis qu'il eft fort difficile d'arrêter celle du feu ; & il eft important d'examiner pourquoi l'on a voulu que dans l'épreuve de l'eau le miracle s'opérât fur le coupable ; au-lieu que dans celle du feu, il devoit arriver en faveur de l'innocent.

M. Ameilhon a fait, fur cette matiere, une très-belle differtation (1), & à l'aide de la phy-fiologie, il explique comment certains hommes furnagent : il prétend que » les autres épreuves doivent leur naiffance à l'impofture, tandis que celle de l'eau froide doit la fienne à l'expérience qu'on avoit faite, qu'il exiftoit des perfonnes qui avoient la finguliere propriété de ne pouvoir enfoncer dans l'eau. « Ce fyftéme laiffe encore bien des difficultés, & il faut peut-être affigner à l'épreuve de l'eau froide une autre origine. En faifant de nouvelles recherches, voici ce que l'on découvre.

Il fut un tems où l'on jettoit les forciers dans

____

(1) Voyez les Mémoires de l'Académie des Infcriptions, t. 37. *in-4°.*

L ij

l'eau, & on ne regardoit pas alors comme innocens ceux qui enfonçoient (1).

Le P. Le Brun nous apprend, qu'on a vu quelques forciers furnager, & l'on difoit qu'ils avoient
fait un pacte avec *le mauvais*, pour ne pas fe noyer.
On quitta & l'on reprit à différentes époques
l'ufage de jetter dans la riviere ceux qu'on accufoit de magie, & l'on difoit toujours, quand ils
fe noyoient: *voyez le châtiment de la Providence*, ou
bien *ils furnagent, parce qu'ils font forciers*. Ainfi les
peuples expliquoient également les faits les plus
contraires, & foit que l'épreuve de l'eau froide
ait précédé ou fuivi l'ufage de noyer les forciers,
elle a toujours dépendu des circonftances & non
pas d'un bon raifonnement.

On ne doit pas chercher une caufe raifonnable
à ces divers jugemens, puifqu'on paffoit de l'é-
preuve du feu à celle de l'eau pour le même coupable, & que l'on demandoit ainfi deux miracles
différens, dans la même caufe. Il paroît d'ailleurs
que le fens qu'on donnoit à l'épreuve, dépen-
doit abfolument du hafard, & que fouvent les
épreuves s'établiffoient dans un canton, où l'on
ignoroit des faits qui auroient pu le changer.

---

(1) Hift. des Pratiques fuperftitieufes du P. Le Brun,
t. 2.

Ainsi Grégoire de Tours raconte qu'une femme injustement accusée par son mari, fut condamnée à être noyée dans la riviere. On lui mit une grosse pierre au col, elle surnagea. Le peuple ravi déclara qu'elle n'étoit pas coupable (1) ; & si on l'avoit accusé de magie, on auroit interprété en faveur de son crime cette preuve, qui sembloit alors un témoignage d'innocence.

Les cérémonies religieuses dont on accompagnoit l'épreuve de l'eau froide, déterminerent probablement le sens qu'on y attacha. On crut que l'eau bénîte devoit repousser un coupable, & il faut peut-être attribuer aux prêtres l'invention de ce jugement.

Comme on s'acharnoit à poursuivre les sorciers, & que tous les hommes éclairés étoient accusés de magie, il ne seroit pas étonnant que plusieurs eussent échappés aux supplices, en imaginant l'épreuve de l'eau froide ; car il est aisé, avec de l'adresse & de la ruse, de tromper des barbares. Un homme, à qui on va faire subir l'épreuve du feu, demande l'épreuve de l'eau, il dit à ses juges : *Si je suis coupable, vous n'avez qu'à me plonger dans l'eau, & demander à Dieu qu'il me fasse surnager.* Cet argument étoit aussi raisonna-

______

(1) Ibid.

ble que beaucoup d'autres fur lefquels on fondoit les épreuves.

Enfin, puifque toutes les conjectures font ici permifes, peut-on dire que l'épreuve du feu découvroit trop de coupables, & que, fans ofer foupçonner les miracles de la Providence, on eut recours au jugement de l'eau froide ; ou que, ne pouvant abolir entierement les épreuves, on inventa celle ci qui avoit l'avantage de dévouer à la mort un petit nombre de victimes.

Epreuve
du duel.

Le duel eft la plus horrible de toutes les épreuves, & il faut que des peuples foient accoutumés aux maffacres, il faut que la vie guerriere ait bien dépravé leurs idées pour imaginer que l'Être fuprême manifefte la vérité par des meurtres, & que l'innocent fera toujours un heureux champion. Les hommes implorent par tout le Dieu des combats : au moment où deux armées vont enfanglanter la terre, chacune d'elles demande du fecours au Maître du monde, & les peuples policés femblent croire que les vaincus ont tort.

On n'examinera point fi l'épreuve du duel précéda toutes les autres en Europe ; mais on voit que dès les tems les plus anciens, les Gaulois décidoient par un combat fingulier, qui de

deux compétiteurs devoit avoir la préférence,
& même à la mort du grand Druide, on ne sui-
voit pas d'autre méthode pour élire son succes-
seur (1). Ces peuples guerriers accordoient naturellement la préférence au plus brave, & en toute occasion, le courage étoit une présomption
en faveur du bon droit. Bientôt les disputes,
contestations ou querelles, se terminerent par un
combat singulier, & l'on y soumit tous les accusés. Gondebaud, roi des Bourguignons, déclara
en 501 , par une loi expresse , que dans les
procès civils ou criminels, le vainqueur auroit
raison (2).

On ne manqua pas de justifier cette conduite
par des argumens qui paroissoient alors fort bons,
& on parlera plus bas de ceux qu'a faits Montesquieu.

Depuis cette époque, les tribunaux de l'Europe ne présenterent plus qu'un affreux spectac-
cle de combattans & de meurtriers, dont l'imagination peut à peine soutenir la vue. Le crime
triomphoit avec audace ; l'innocent perdoit la
vie d'une maniere infâme , & on le flétrissoit

---

(1) Tacite. N. Damasc. Veget. *de re Milit.*
(2) *Lex Burgundiorum*, tit. 45. Hist. universelle des
Anglois, t. 14.

encore après sa mort. De siecle en siecle, on retrouve des vestiges de ces épreuves, & de grands traits capables seuls de peindre les mœurs du tems.

On voulut savoir en 968, si la représentation en ligne directe devoit être admise pour les successions ; les docteurs furent d'avis différent. L'empereur Othon premier nomma deux *braves*, qui se battirent en sa présence pour décider ce point de droit. Celui qui soutenoit la représentation eut l'avantage, & l'on ordonna que désormais elle auroit lieu.

Dans l'onzieme siecle, les femmes accusées d'adultere présentoient au juge un *brave*, qui offroit de forcer, en champ clos, l'accusateur à se dédire. Le vaincu, mort ou vif, étoit traîné sur la claie, & pendu par les pieds.

Sous le regne de Louis le Jeune, les différentes communautés prouvoient souvent, par le duel, qu'un tel village étoit *leur serf*.

S. Louis fit une révolution sur les mœurs de son siecle ; il voulut abolir les épreuves du duel, mais telle étoit la force des préjugés & de l'habitude, qu'il fut obligé de les permettre encore en certains cas, dans celui du meurtre, par exemple, commis en cachette.

Après la mort de S. Louis, on reprit les anciens ufages , & Philippe le Bel voyant que l'on ne pouvoit pas plaider fans être obligé de fe battre , défendit encore le duel en matiere civile. Ses Ordonnances ne furent exécutées que pendant fa vie , & on le regarda bientôt comme un facrilége , qui profcrivoit des ufages autorifés par Dieu : il eft difficile de corriger les tribunaux ; ils font attachés aux anciennes formes ; & pour défendre la conftitution de l'état , ils défendent des abus.

Dès que Philippe le Bel fut au tombeau , les juges fuivirent l'ancienne routine ; car, fous Charles VI , le Parlement de Paris ordonna le combat fingulier entre deux gentilshommes , pour favoir fi l'un avoit enlevé la femme de l'autre ; & en 1454 , il l'ordonna de nouveau à Jean Picard, que fon gendre accufoit d'une familiarité trop grande avec fa fille.

La fureur des duels particuliers devint , enfin , fi grande , que, fous Henri III , Quelus & Buffy , fe donnerent rendez-vous pour fe battre , & leurs peres devoient leur fervir de feconds (1).

La Jurifprudence revêtit les lois fur le duel , de tout ce qui étoit capable de faire impreffion ,

---

(1) Effais hift. fur Paris , t. 1.

& les cérémonies dont on les accompagna méri-
teroient d'être recueillies. Les peuples étoient
contens de cette adminiſtration ; car les anciens
Auteurs citent des requêtes préſentées aux rois
pour leur demander la permiſſion du cartel.

Les égliſes & les communautés elles-mêmes ſe
battoient les unes contre les autres, & l'on vit
la Chambre des Comptes ſe battre contre le Parlement, dans l'Egliſe de Notre-Dame, pour la
préſéance.

Le duel tenoit d'ailleurs à la religion & aux
préjugés : on n'enterroit point celui qui étoit
tué ; ſa défaite paſſoit pour une ſentence du ciel,
& lorſqu'il ſuccomboit, on ne doutoit pas que ſa
querelle ne fût injuſte.

On y ajouta une peine capable d'engager les
champions à bien faire leur devoir. On coupoit
le poing au vaincu ; on crut devoir punir un
homme qui combattoit pour une cauſe déclarée
mauvaiſe par le ciel (1).

Les prêtres qui, du tems de Gondebaud, avoient
défendu le duel par des excommunications (2),
ordonnerent enſuite le combat ſingulier dans leurs

---

(1) Voyez les Capitulaires de Charlemagne, & le chapitre 61 de Beaumanoir.

(2) Voyez les Œuvres d'Agobard.

tribunaux, & ils le confacroient par un appareil religieux : on adminiftroit la communion aux champions qui alloient fe battre, & les hommes mariés s'abftenoient du devoir conjugal pendant huit jours. Ils accordoient des récompenfes à ceux qui fe battoient le mieux ; & ils affranchiffoient le *brave* qui s'étoit battu trois fois, c'eft-à-dire, qui avoit tué trois hommes. Dans le même tems les eccléfiaftiques notoient d'infamie ceux qui fe marioient en troifiemes noces, & ils caffoient les mariages célébrés entre coufins (1).

Les peuples pratiquent fouvent les épreuves de bonne foi, & malgré l'expérience, ou malgré la multitude de coupables qui triomphent, & d'innocens qui périffent, elles fubfiftent très-longtems ; car il y a des matieres fur lefquelles les hommes croyent plus à leurs fyftêmes qu'à leur raifon.

Les magiftrats & les prêtres profitoient des épreuves ; ils étoient les maîtres de condamner ou d'abfoudre, & le jugement *de Dieu* confacroit leur arrêt. Ils pouvoient ordinairement empêcher l'effet des épreuves : les ferpens, par exemple, ne bleffent point une main qu'on a frotté de

---

(1) Voyez le *Vrai théâtre d'honneur*, par la Colombiere.

certaines drogues. Agrippa prétend qu’on peut
porter dans ſa main un ſer chaud, mettre le
poing dans du métal bouillant, ou même ſe plonger tout entier dans le feu ſans ſentir du mal.
S. Epiphane rapporte que des prêtres d’Egypte
ſe frottoient le viſage avec de certaines drogues,
& le plongeoient enſuite dans des chaudieres
bouillantes. Cardan a vu un homme qui ſe lavoit
les pieds & les mains avec du plomb fondu. Sans
doute qu’on fit alors de très-profondes recherches
ſur les moyens d’échapper à l’action des élémens,
& il eſt probable qu’on en découvrit pluſieurs.
Ces ſecrets, inconnus du vulgaire, donnoient aux
juges un empire d’autant plus grand, qu’ils pouvoient, par intervalles, abſoudre ou condamner,
au gré du public. La ſourberie cependant devoit éclater quelquefois ; mais lorſque les peuples ſont faſcinés, ils ne voyent pas les faits
les plus évidens, & d’ailleurs tout examen ſur
la divinité, ainſi que ſur ſes miniſtres, leur eſt
interdit.

Puiſque les épreuves ſe rétablirent après avoir
été ſolemnellement proſcrites dans des tems éclairés, qui ſait ſi on ne vouloit pas prévenir les con-
teſtations & arrêter le penchant des peuples pour
le crime ou pour les diſputes? On crut peut-être
que la crainte ſeule des épreuves engageroit à

mener une vie integre , & cette précaution eſt conforme à l'eſprit & aux mœurs des peuples barbares.

M. de Monteſquieu juſtifie les épreuves de cette maniere. » Dans une nation , uniquement guerriere , la poltronnerie ſuppoſe d'autres vices : elle prouve qu'on a réſiſté à l'éducation qu'on a reçue. . . . . Elle fait voir qu'on ne craint point le mépris des autres , & qu'on ne fait point de cas de leur eſtime. Pour peu qu'on ſoit bien né , on n'y manque pas ordinairement de l'adreſſe qui doit s'allier avec la force , ni de la force qui doit con-courir avec le courage. . . . . . De plus , dans une nation guerriere , où la force , le courage & la proueſſe ſont en honneur , les crimes véritable-ment odieux , ſont ceux qui naiſſent de la four-berie , de la fineſſe & de la ruſe , c'eſt-à-dire de la poltronnerie. «

» Qui ne voit , continue-t-il , que chez un peu-ple habitué à manier des armes , la peau rude & calleuſe , ne devoit pas recevoir aſſez l'impreſſion du fer chaud , ou de l'eau bouillante , pour qu'il y parût trois jours après , & s'il y paroiſſoit , c'étoit une marque que celui qui faiſoit l'épreuve étoit un efféminé. «

Il conclut que , » dans les circonſtances des tems , où la preuve par le combat & la preuve

par le fer chaud & l'eau bouillante, furent en
ufage, il y eut un tel accord de ces lois avec les
mœurs, que ces lois produifirent moins d'in-
juftice qu'elles ne furent injuftes, que les effets
furent plus innocens que les caufes ; qu'elles cho-
quoient plus l'équité qu'elles n'en violerent les
droits, & qu'elles furent plus déraifonnables que
tyranniques (1). «

On ne rapporte point ce paffage pour critiquer M. de Montefquieu, mais pour montrer
combien on a négligé l'hiftoire de l'homme, tirée
des mœurs & des ufages des peuples.

Malgré l'autorité des Hiftoriens, on a lieu de
croire qu'on mettoit à ces épreuves des reftric-
tions qui les rendoient moins univerfelles ; que
des juges éclairés facrifioient quelques victimes, pour mieux contenir les autres hommes,
& que, fans etre aveugles ou de mauvaife foi,
ils n'agiffoient en cela que par des raifons de
politique. Mais foit que ces épreuves fe renou-
vellaffent tous les jours, ou qu'on ne les ordon-
nât que par intervalles, voici des faits pofitifs.
L'homme qui n'avoit pas la peau très-calleufe,
ou qui ne l'enduifoit d'aucune drogue, fe brûloit en touchant un fer chaud. L'homme, qu'on

______

(1) Efprit des Lois, l. 28. ch. 17.

plongeoit dans une cuve, ou dans une riviere, se noyoit, si son corps n'étoit pas comme celui des vaporeux, ou des hommes très-gras, c'est-à-dire, s'il n'y avoit pas une cause physique pour qu'il surnageât : enfin, on a rapporté sur les épreuves, des faits qui ont paru fabuleux ; mais en les admettant tous, on les explique par des moyens naturels.

LIVRE QUINZIEME.
DES SUPPLICES.

CHAPITRE PREMIER.
Divers genres de supplices.

TEL eſt le déſordre de la nature que les hommes ne peuvent vivre en paix : bientôt il y a des
coupables & des ſcélérats, & les lois ſont réduites à prendre le glaive pour les détruire. Mais
lorſqu'on voulut purger la ſociété des êtres dangereux qui en troubloient l'harmonie, on recher-
cha des manieres particulieres de les faire mourir. On voit que les légiſlateurs ſont là-deſſus
très embarraſſés ; quelquefois ils adoptent les ſupplices les plus doux, communément ils emploient
les plus cruels, & l'imagination a peine à concevoir

cevoir comment l'homme peut supporter de fi affreufes douleurs.

Les fupplices favorifent la pareffe des légiflateurs & des magiftrats, & comme il eft difficile de choifir d'autres moyens de contenir une nation, ou d'arrêter les crimes, ils établiffent des peines de mort. On a multiplié les fupplices & les bourreaux, avec une profufion révoltante, & l'on croiroit qu'il y a dans la nature un inftinct qui porte à tant de cruauté.

Parmi cette foule immenfe de peuples, que l'hiftoire nous fait connoître, à peine en trouve-t-on quelques-uns qui attachent de l'importance à la vie *d'un homme*. D'anciennes lois de Perfe défendoient cependant de faire mourir un citoyen coupable d'un feul crime ; les Francs ne pouvoient être punis du dernier fupplice que pour le crime de lèfe-majefté, ou de trahifon, envers la patrie (1). Il n'étoit pas permis de condamner un Germain à la mort, à moins que le ciel ne femblât prononcer fon arrêt : le chef, dit Tacite (2), n'a droit d'envoyer un *coupable* au

____

(1) Mémoires de l'Acad. des Infcriptions & Belles-Lettres, t. 2.

(2) *De Moribus German.* cap. 7.

Tome III. M

supplice, que par une inspiration & un com-
mandement exprès du Dieu qui préside aux
combats.

Ces préjugés appartiennent à des têtes exal-
tées, plutôt qu'à des esprits raisonnables, & ils
entraînoient, sans doute, beaucoup d'inconvéniens : d'ailleurs il faut que les idées de fierté &
de hauteur se calment dans les grandes sociétés ;
car l'individu n'est plus alors compté pour rien
& l'innocent est soumis à des circonstances qui
le dévouent souvent à la mort. Si l'on rassemble
cette multitude innombrable d'hommes qui ont
péri dans les supplices, depuis la réunion des
peuples, combien n'en a-t-on pas condamné pour
des actions indifférentes en elles-mêmes ?

Enfin, les supplices n'inspirent presque plus
de terreur, parce qu'on les a trop employés, &
la peine de mort épouvanteroit le crime, si on
l'avoit toujours réservé pour des cas extraordinaires.

On doit imputer plusieurs de ces abus, à
la nature humaine, & non pas à ceux qui gouvernent les états : ils essayent quelquefois bien des
expédiens avant d'arriver à cette extrémité, &
les supplices sont alors la derniere ressource.
Après avoir épuisé toutes les autres, ils recourent à celle ci qui n'est pas plus efficace, mais

elle eſt plus impoſante ; elle ſe conſerve plus
aiſément , & elle exige moins d'attention de la
part des légiſlateurs. Ce raiſonnement , ſur les
peines de mort en elles-mêmes , s'applique encore aux ſupplices en particulier ; un ſupplice
modéré n'arrête pas les coupables , & on invente
d'horribles tourmens.

Les ſupplices ſont preſque toujours le déſeſ-
poir du légiſlateur dans les pays éclairés : il ſent
que les peines cruelles ne ſont pas ordinairement les plus propres à réprimer les crimes ; il
voudroit en ſubſtituer d'autres , mais il y a tant
d'inconveniens de tous les côtés , que le parti de
la violence ſemble encore le plus ſûr. On ſe
plaint de la Juriſprudence criminelle des peuples : ce déſordre eſt lié , d'un côté , avec la foi-
bleſſe & la corruption de l'homme , & de l'autre , avec l'impuiſſance & les vues bornées des
adminiſtrateurs.

Il faut diſtinguer les ſupplices établis par les
lois , de ceux qu'ordonnent les deſpotes dans
des momens de caprice & de fureur ; mais il
eſt très-important de remarquer que l'homme
a du plaiſir à ces ſpectacles , & que l'on aime
mieux voir écarteler que pendre. Des peuples entiers , dévouent même des innocens à la mort ,
& chacun connoît les combats des gladiateurs &

les combats du Cirque. L'on ne peut douter que
les Sauvages ne tourmentent leurs criminels
pour s'amuſer ; & les légiſlateurs ont raffiné, par
ce motif, ſur l'invention des ſupplices. On ne
citera que le taureau de Phalaris, le pau-lo des
Chinois, & la plupart de ceux qu'imaginerent
les empereurs de Rome, lors de la perſécution
des chrétiens. Indépendamment de ce plaiſir ſecret, ſouvent encore on a celui de la fureur &
celui de la vengeance, & tout concourt ainſi à
établir des ſupplices atroces.

Nous allons rapporter ceux qui ſont en uſage
chez les différens peuples, & peindre par-là le
caractère des nations en particulier & de l'homme en général ; mais comme cette partie de ſon
hiſtoire attriſte l'ame, l'on eſquiſſera, le plus
rapidement qu'il ſera poſſible, un tableau ſi
effrayant. On ne s'arrêtera pas toujours à montrer le rapport des ſupplices avec les mœurs
& l'état du pays qui les adopte, le lecteur eſt
accoutumé à cette marche, & on ne feroit que
l'ennuyer.

On remarque dans les ſupplices des Sauvages
une cruauté lente & froide, ou bien une dureté
groſſiere qui reſſemble à leur caractere.

Les Indiens de la Floride amenoient le coupable aux pieds du chef de la tribu ; le bourreau

le faisoit mettre à genoux , & appuyant le pied gauche sur son dos , il l'assommoit avec son casse-tête (1).

Les Américains de Terre-Ferme enfoncent dans l'urétre de celui qui débauche une fille , un petit bâton hérissé d'épines ; & ils l'y tournent long-tems & à diverses reprises. Ce supplice dou-loureux cause ordinairement la mort ; mais on laisse au coupable la liberté de se guérir, s'il le peut (2). — Les mêmes Indiens lioient les pieds & les mains des Espagnols , & ils leur versoient de l'or fondu dans la bouche , en disant : *Mange, mange de l'or, chrétien.* Ils leur coupoient, avec des pierres tranchantes , un bras , une épaule , ou une jambe, qu'ils rôtissoient & mangeoient devant eux (3).

Les Iroquois attachent l'extrémité des nerfs de leurs prisonniers à des bâtons , & tour-nant ensuite ces bâtons , ils roulent les nerfs comme on roule un cordage sur un tour ; le corps se disloque & se plie d'une maniere effrayante (4).

---

(1) Rel. de la Laudonniere.
(2) Voyage de Waffer.
(3) Rel. de Benzoni.
(4) Voyage de la Potherie.

Une femme , qui eut un de ſes parens tué à la guerre, ne ſavoit plus comment tourmenter un François ; elle fit rougir un fer qu'elle lui enfonça dans les teſticules (1), & c'eſt, dit-on, le plus affreux de tous les ſupplices.

Les Hurons ſuſpendent à des perches le corps d'un homme aſſaſſiné ; le meurtrier eſt placé, pendant pluſieurs jours , immédiatement au-deſſous, pour recevoir ſur ſon viſage & ſur ſes alimens, tout ce qui découle du cadavre ; & là, on le tourmente juſqu'à ce qu'il expire (2).

Dans une des iſles Philippines , on attache à un poteau la femme eſclave qui s'enfuit. On lui tourne le viſage en face du ſoleil, & on la laiſſe expirer (3).

L'établiſſement du commerce des Noirs a diminué les ſupplices des Negres de la côte ; & l'on vend la plupart des coupables qu'on faiſoit mourir autrefois. Ceux du Cap Verd noyent ce-

---

(1) *Ibid.* t. 1.

(2) L'Eſcarbot. Champlain.

(3) Voyage de M. Sonnerat à la nouvelle Guinée. L'Auteur dit qu'on tranche ſeulement la tête à l'homme eſclave qui prend la fuite ; & le ſupplice eſt probablement plus rigoureux pour les femmes , parce qu'on a plus de dédain & de mépris pour elles. Voyez le Livre des Femmes , Tome I de cet Ouvrage.

pendant plufieurs criminels (1) ; & ceux de Juida éventrent un meurtrier ; ils lui arrachent les en-trailles & ils les brûlent (2) : on remplit enfuite le corps de fel , & on l'attache fur un pieu , au milieu de la place publique. Le fupplice ordi-naire des Quojas eft de percer le dos à coups de javeline. L'exécuteur coupe le cadavre en quar-tiers , & il les diftribue aux femmes du coupable : on les contraint d'affifter à l'exécution pour recevoir , & jetter fur quelque fumier , ces mifé-rables reftes qui fervent de pâture aux oifeaux de proie (3).

Bofman vit exécuter un Negre de Juida qu'on avoit furpris avec une des femmes du roi. On le plaça d'abord fur une élévation , pour fervir de but à plufieurs grands , qui lui lancerent leurs zagayes. On l'amena enfuite auprès de la cou-pable : on lui coupa les parties viriles à fes yeux , & on l'obligea de les jetter lui-même au feu. On les mit tous deux dans une foffe affez pro-fonde ; le bourreau les arrofa par degrés d'eau bouillante , & bientôt on couvrit de terre les deux criminels. D'autres fois cinquante ou

---

(1) Voyage de Rennefort.
(2) Bofman.
(3) Prevôt, t. 3.

foixante femmes du prince, dans tous leurs atours, efcortées par des gardes au fon des tambours & des flûtes, viennent répandre elles - mêmes un grand pot d'eau brûlante, fur la tête de leur compagne infidelle.

On retrouve dans les fupplices des peuples à demi barbares, une férocité particuliere analogue à l'état de leur civilifation.

Les Cofaques Donskiens lient les criminels à un arbre, & ils les percent à coups de fléches, ou ils les attachent à la queue d'un cheval, qui les affomme en les traînant fur des chemins raboteux.

Les anciens Ruffes empaloient par les flancs & accrochoient par les côtés; & fous le regne de l'impératrice Elifabeth, ces fupplices étoient en ufage : les Sibériens enterrent vifs encore aujourd'hui ; M. Gmelin vit une femme placée debout dans une foffe jufqu'au col ; on foula la terre autour d'elle, & elle vécut treize jours dans cet état.

Les Abyffins affomment les coupables avec des bâtons de deux pieds de long, & terminés par une boule de la groffeur des deux poings (1).

Les rois de Maroc ordonnent fouvent de fcier

---

(1) Rel. de Lobo.

en travers, en long, ou en croix, un criminel (1), & le même ufage regne dans quelques
parties de la Suiffe.

Hyppomene, roi de l'Attique, avoit une fille
qui aima un fimple citoyen ; il l'enferma dans
l'écurie d'un cheval, à qui on ne donna point de
nourriture, & elle fut dévorée : fon fils commit
un adultere, & il le fit auffi déchirer par des
chevaux.

Les Gaulois gardoient les criminels pendant
cinq ans. Ils les empaloient enfuite & les brûloient en l'honneur de la Divinité, qui *feule peut
ôter la vie d'un homme.*

Tacite nous apprend que les Germains étouffoient dans un bourbier, fous une claie, les *pol-
trons*, les *fainéans* & les *mignons.*

Les peuples policés tâchent de proportionner
les fupplices à l'horreur qu'infpirent les crimes ;
& voici comment les Egyptiens puniffoient les enfans qui tuoient leurs peres. Ils leur inféroient
dans toutes les parties du corps des rofeaux affilés
de la longueur du doigt ; ils en détachoient des
morceaux de chair, & ils les brûloient vifs fur
des épines (2).

---

(1) Braithwait.
(2) Diod. de Sic. liv. 1, fect. 2. Hérodote.

Les Perses renfermoient un criminel entre deux petits bateaux, de maniere que ses pieds, ses mains & sa tête, passoient par des ouvertures. Des bourreaux le forçoient à manger & boire dans cette posture, en lui piquant les yeux avec des pointes de fer. Ils frottoient de miel son visage tourné vers le soleil : les guêpes & les moucherons lui causoient d'horribles souffrances, & les vers, qui naissoient de ses excrémens, lui dévoroient les entrailles (1). On vivoit ainsi pendant dix-sept jours. Ces mêmes Perses écrasoient les empoisonneurs entre deux pierres ; & ils écorchoient vifs d'autres coupables : les Persans modernes empalent ou font diverses incisions, dans lesquelles ils passent des méches qu'ils allument, & qui brûlent jusqu'à ce que la graisse du criminel soit consumée.

Les Babyloniens jettoient les criminels dans une fournaise ardente, comme nous l'apprend l'écriture (2).

Chez les peuples éclairés, les supplices ordinaires sont assez doux ; mais ils deviennent terribles, suivant les circonstances.

Les Macédoniens crucifioient la tête en bas :

---

(1) Plut. *in vitâ Artax.*
(2) Daniel.

les Athéniens faisoient boire du poison (1), &
ils étouffoient quelquefois dans un bain.

On crucifioit de trois manieres chez les Romains. On pendoit les séditieux la tête en bas :
on clouoit d'autres criminels à un arbre par les
parties naturelles ; on leur cassoit les bras & les
cuisses, en les étendant sur une croix, & on leur
perçoit ensuite le côté (2) ; mais, en quelques
occasions, on écarteloit un patient entre deux
arbres courbés avec force. Metius Suffetius fut
écartelé à quatre chars ; & sous les empereurs,
on fouettoit un criminel jusqu'à la mort (3).
On l'enveloppoit de peaux de bêtes, & on l'exposoit à des chiens furieux. On enfermoit les
parricides dans un sac de cuir, avec un singe,
un coq, un serpent & un chien, & on les jettoit
à la mer (4).

Joseph & Pindare nous apprennent, qu'après
avoir placé un patient sur une roue, on la tour-
noit long-tems & avec beaucoup de promtitude

---

(1) Coll. de Gronov, t. *6. de Jurisdict. veterum Græcorum.*

(2) Séneque.

(3) Suétone.

(4) Digest. 48. *ad Leg. Pomp. & Cic. pro Sexti.
Rosc.*

dans un même sens, & tout-à-coup on la retour-
noit brusquement en sens contraire, ce qui déchi-
roit les entrailles.

Apulée, à la fin de l'Ane d'or, parle d'un autre genre de supplice. On égorgeoit un âne ; on
lui arrachoit les entrailles ; on mettoit une femme dans le ventre de l'animal, & on en recousoit
la peau, de maniere qu'on ne voyoit que la tête.
On l'exposoit ensuite sur un rocher aux ardeurs
du soleil, & elle étoit rongée vive par les chiens,
les oiseaux de proie & les vers.

Enfin, chacun connoît le supplice de Mezence,
qui faisoit pourrir un homme vivant sur le cadavre d'un mort. Mais la superstition & le fanatisme
imaginerent d'abominables tourmens ; & quoique
les légendes des martyrs chrétiens, dans les premiers siecles de l'Eglise, soient remplies de fables, on peut admettre sur cette matiere les faits
les plus étranges.

Joseph dit, en effet, qu'on attacha par derriere, à une boucle de fer placée à terre, les
pieds & les mains de quelques-uns des Maccha-
bées ; qu'on les entoura par le milieu du corps
d'une corde ; qu'on les tira en haut à l'aide d'une
poulie ; qu'ainsi on leur brisa l'épine du dos, &
qu'on leur arracha les bras & les jambes. Le
même Historien ajoute qu'on ouvrit aux autres

les côtés avec des alènes, pendant qu'on les brûloit, afin que la flamme s'infinuât jufqu'aux entrailles.

On attachoit des martyrs fur un cylindre fort
large qu'on conduifoit en haut d'une montagne
efcarpée, & qu'on laiffoit enfuite rouler à travers
les rochers & les cailloux ; & même Sainte Cathe-
rine fut déchirée fur un cylindre, que l'on
avoit eu la précaution de garnir de pointes de
fer (1).

On ne prétend pas parler ici des fupplices de
tous les martyrs, dans la perfécution des chrétiens ; car ce travail feroit immenfe.

On plantoit des aiguilles fous les ongles, lorfqu'on mettoit à la queftion : on condamnoit à
être dévoré par les bêtes ; à avoir la barbe, le
poil & les cheveux enduits de poix, & à être ainfi
brûlé. On tirailloit & rompoit fur le chevalet :
on rouloit nud fur des pointes de verre : on
brûloit fur des grils ; on couvroit de miel, & on
expofoit à la morfure & aux aiguillons des mou-
ches : enfin, on fufpendoit le martyr par les pieds,
la tête dans une foffe, où l'on mettoit un ferpent
& un chien, auxquels on ne donnoit point de
nourriture.

____

(1) Laurentius, *de Tormentis.*

Les fupplices des différens peuples, pendant les fiecles gothiques, n'ont pas de caractère particulier. Ceux qu'emploient aujourd'hui l'Europe entiere, font de trancher la tête, d'étrangler, de rompre & de brûler vifs, de fcier entre deux planches, de fufiller, & même d'écorcher en certaines occafions.

Cependant les Anglois ont eu dans tous les tems des fupplices & des lois pénales atroces, qu'on a déjà comparés à ceux des Japonois. Autrefois ils coupoient en morceaux le coupable de haute trahifon ; ils lui arrachoient le cœur & les oreilles, & ils les jettoient dans les flammes (1). On verra plus bas qu'on revêtoit encore ces exécutions d'un appareil barbare. Ils condamnoient un empoifonneur à être bouilli (2), & Labat nous apprend que, dans les colonies, ils puniffent aujourd'hui les Negres & les Indiens qui viennent faire des defcentes fur leurs terres par un fupplice, » dont on ne peut fentir l'horreur, fans connoître la forme d'un moulin à fucre & de fes tambours, où la moindre imprudence expofe les ouvriers à périr. Ils joignent enfemble les pieds du Negre qu'ils veulent punir, &

---

(1) *Principles of penal Law.*
(2) *Ibid.*

après lui avoir lié les mains à une corde , passée dans une poulie attachée au chassis du moulin, ils élevent le corps & mettent la pointe des pieds entre les tambours , après quoi ils font marcher les quatre couples de chevaux attachés aux deux bras, & laissent filer la corde qui attache les mains , à mesure que les pieds & le reste du corps passent entre les tambours, qui les écrasent fort lentement. «

Les supplices établis par les lois font terribles en Orient & dans les pays despotiques , & on est soumis d'ailleurs à tous ceux qu'il plaît aux Sultans d'inventer. On citera d'abord quelques petits états de l'Asie , pour s'arrêter davantage sur la Corée , la Chine & le Japon.

A Bantam , on attache les criminels à un poteau , & on les poignarde (1).

Les rois de Ceylan les condamnent à manger leur propre chair & celle de leurs enfans, & après les avoir long-tems tourmentés , ils les font dévorer par des chiens ou écraser par des éléphans (2).

» Le P. Tachard vit des Macassars qui venoient

---

(1) Rel. d'Houtman.
(2) Rel. de Knox.

de subir une effroyable torture ; on les avoit roués de coups de bâton ; on leur avoit enfoncé des chevilles sous les ongles , écrasé tous les doigts , appliqué du feu aux bras & serré les tempes entre deux ais. Ils furent ensuite attachés à terre , pieds & poings liés , le corps nud , autant que la pudeur pouvoit le permettre : dans cet état, on lâcha un tigre , qui, après les avoir flairés , sans leur causer de mal , essaya de sortir de l'enceinte , haute de quatre pieds. Il étoit midi , qu'il n'avoit point encore touché aux criminels , quoiqu'ils eussent été exposés depuis les sept heures du matin. L'impatience des bourreaux leur fit retirer le tigre pour attacher ces misérables debout à de gros pieux. Cette posture parut plus propre à animer le tigre, qui en tua trois avant la nuit, & la nuit même le quatrieme. Les exécuteurs tenoient ce cruel animal par deux chaînes, passées des deux côtés hors de l'enceinte, & le tiroient , malgré lui , sur les criminels , qu'on n'entendit jamais ni se plaindre , ni seulement gémir. L'un se laissa dévorer le pied sans le retirer ; l'autre, sans faire un cri, se sentit briser tous les os du bras. Un troisieme souffrit que le tigre lui léchât le sang qui couloit de son visage, sans détourner les yeux , & sans remuer ; le quatrieme tourna autour de son poteau , pour éviter cet animal furieux ;

furieux ; mais il mourut avec la même conſtance que les autres (1). «

Les Malabars hachent ordinairement les criminels à coups de ſabre (2).

A Siam , le roi condamne un coupable à être dévoré par des crocodiles & des tigres , ou écraſé par des taureaux. Un vaſſal voulut ſe révolter ; le prince le fit nourrir quelque tems de la chair qu'on arrachoit de ſon corps , & qu'on grilloit enſuite dans une poële (3). Les voleurs avalent trois ou quatre onces d'argent fondu ; & pour exécuter un prince , on l'étend ſur une étoffe de couleur écarlate , & on lui enfonce l'eſtomac avec un billot (4).

Pluſieurs Auteurs (5) reprochent aux Siamois un ſupplice infernal. » On ſerre fortement le corps d'un criminel ; on le pique avec des inſtrumens très-pointus , non pour lui tirer du ſang , mais pour l'obliger à retenir ſon haleine. On ſaiſit enſuite le moment favorable ; on le coupe bruſquement en deux , & on met la partie ſupérieure

---

(1) Voyez auſſi le Voyage de Forbin.
(2) Voyage de Dellon.
(3) Rel. de Faria.
(4) Rel. de la Loubere.
(5) Glanius , &c.

Tome III.   N

du corps fur une plaque ardente de cuivre ; ce qui arrête le fang , & prolonge la vie du patient dans des tourmens inexprimables (1). «

Si un foldat Cochinchinois a mérité la mort pour crime de lèfe-majefté, on l'attache nud à un poteau , & chacun de fes camarades lui coupe un morceau de chair (2).

On coupe les pieds & les mains aux meurtriers de quelques cantons de l'Inde ; on les jette dans un champ proche du grand chemin , & on les y laiffe mourir (3).

Les Corfens , à l'aide d'un entonnoir , rempliffent le corps d'un affaffin, de vinaigre, dans lequel on a lavé le cadavre pourri du mort ; on le frappe enfuite fur le ventre à coups de bâton , jufqu'à ce qu'il expire. On étouffe les voleurs, en les foulant aux pieds (4). Une femme , qui tue fon mari, eft enterrée vive jufqu'aux épaules , au milieu d'un grand chemin , & l'on place près d'elle une hache , dont tous les paffans roturiers doivent lui donner un coup.

La fœur d'un roi de la Corée l'empécha , par

---

(1) On ne fait pas cependant fi ce fupplice eft poffible.
(2) Rel. de Rhodes.
(3) Rel. de Tavernier.
(4) Rel. d'Hamel.

un charme, de jouir du repos : le prince la fit enfermer dans une chambre pavée de cuivre, au-deſſous de laquelle on alluma un grand feu (1).

Les ſupplices ordinaires à la Chine ſont d'étrangler, de trancher la tête & de *couper en mille piéces :* on punit les rebelles & les traîtres de cette troiſieme maniere. L'exécuteur écorche la tête du criminel, juſqu'à ce que la peau deſcende ſur ſes yeux, afin qu'il ne puiſſe voir ce qu'on lui fait : il coupe ſucceſſivement toutes les parties du corps, & lorſqu'il eſt fatigué de ce ſanglant exercice, il l'abandonne à la fureur de ſes ennemis & aux inſultes du peuple (2).

La baſtonnade eſt ſouvent un ſupplice capital : lorſqu'on la donne ſur les os des jambes, on lie les pieds du coupable ſur un petit banc large de quatre doigts ; on lui met un autre banc ſous les jarrets, & on commence l'opération : ſi on la donne ſous la plante des pieds, on aſſied le coupable à terre ; on lie ſes pieds enſemble par les gros orteils ; on paſſe une piece de bois entre ſes jambes, & l'on ſe ſert d'un bâton de la groſſeur du bras : pour le bâtonner ſur les feſſes,

---

(1) *Ibid.*
(2) Rel. de Magalhaens.

on le couche à terre, la face en bas. Cent coups de bâton équivalent à la mort, & cinquante produisent quelquefois le même effet.

Un empereur de la Chine, à l'inftigation de fa concubine, inventa un nouveau fupplice, fous le nom de *Pau-lo*. On éleve une colonne de cuivre, haute de vingt coudées fur huit de diametre, creufe comme le taureau de Phalaris, avec trois ouvertures pour y mettre du feu ; on attache les criminels à cette colonne, qu'ils embraffent avec les bras & les jambes. On dit que la concubine s'amufoit beaucoup à ce fpectacle (1).

Les Japonois fendent le ventre des coupables (2). Un étranger, furpris avec une femme, eft étendu par terre : deux hommes lui tiennent les bras, & deux autres les jambes ; le cinquieme, qui porte une maffue de fer, prend fon élan à dix ou douze pas du criminel, & vient, en danfant, écrafer la tête de ce miférable (3). On a parlé ailleurs de quelques autres fupplices qui peignent mieux le caractère cruel & fombre des Japonois.

---

(1) Duhalde. Le Comte.
(2) Rel. de Kempfer.
(3) Voyages au Nord, t. 3.

On finira ce chapitre par le supplice des Freres Moraves. Comme ils ont horreur de verser le sang, ils chatouillent le coupable jusqu'à ce qu'il meure.

CHAPITRE II.

Bourreaux.

DANS l'enfance des sociétés, on ne charge personne en particulier de l'exécution des criminels. Lorsqu'on fait périr un coupable, chacun indifféremment exerce les fonctions de bourreau ; & il n'y a ni honte, ni déshonneur, à servir ainsi d'instrument à la Justice. L'Escarbot & Champlain nous apprennent que, chez les Indiens de l'Amérique septentrionale, les parens du condamné le tuent de leurs mains. Les Hottentots amenent un accusé en plein champ devant ses juges : si le crime est prouvé, on l'exécute à l'instant ; le capitaine du kraal fond sur lui, & l'étend à ses pieds d'un coup de massue : toute l'assemblée le frappe ensuite, jusqu'à ce qu'il soit assommé (1).

____

(1) Rel. de Kolben.

Si un esclave d'Issiny est condamné à mort ;
un officier du roi court dans les rues comme un
insensé, & fait pancher de côté & d'autre un
fétiche qu'il porte sur sa tête. Dès qu'il arrive
à la place, où l'on a conduit le criminel, il perce la foule, & demande au fétiche, qui doit être
l'exécuteur ? Le premier jeune homme qu'il touche de l'épaule, est celui qu'on suppose nommé
par le dieu. Il demande encore, si c'est assez
d'un seul exécuteur, & quelquefois leur nombre
va jusqu'à dix. Le premier tire son poignard &
perce la gorge de l'esclave, tandis que les autres
tiennent la victime, dont ils font couler le sang
sur le fétiche. Les exécuteurs sont impurs pendant trois jours, & ils se bâtissent une cabane
loin du village ; mais, durant cet intervalle, ils
ont droit de pendre tout ce qui tombe entre
leurs mains. Enfin, après diverses purifications,
ils retournent triomphans vers leurs compatriotes. Ils arrachent une dent au criminel, qui est
mort par leurs mains, & plus ils peuvent en
montrer, plus leur réputation est éclatante (1).
Personne ne refuse cet emploi, & les fils du roi
ne craignent pas de l'accepter.

Ailleurs, on oblige les criminels à s'exécuter

---

(1) Voyage de Loyer.

eux-mêmes, comme nous le dirons à l'article du Suicide. Le roi d'Éthiopie ne pouvoit pas faire mourir un de ses sujets condamné au dernier supplice. Un officier apportoit la sentence au coupable, qui s'étrangloit de ses propres mains (1).

Une loi de Witolde, prince de Lithuanie, ordonnoit aux criminels de se faire mourir eux-mêmes, afin que l'exécuteur ne commît pas un homicide (2).

Il paroît qu'on n'établit des bourreaux que fort tard : chez les Juifs, les juges exécutoient les criminels, & la même coutume a régné long-tems en Europe. En quelques cantons de l'Allemagne, le plus jeune du corps de ville étoit chargé de cette fonction ; & comme on montroit souvent de la répugnance à l'accepter, on imposa des amendes à ceux qui la refusoient. Une vieille chronique d'Amsterdam nous apprend, qu'alors on fournissoit à ses dépens soixante mille cailloux pour l'entretien du pavé de la ville.

Il n'y a pas long-tems qu'en Islande les *sys-lomen*, ou sous-baillifs, étoient les bourreaux de l'isle.

_____

(1) Diod. de Sic. l. 3. ch. 4. Hérod.
(2) Mont. l. 3. ch. 7.

Lorsque les sociétés prennent une assiette fixe, on établit des exécuteurs. Ces officiers ne sont pas toujours avilis, & ils remplissoient chez les Grecs une fonction de magistrature : mais ils tombent ordinairement dans le mépris ; car l'habitude de verser le sang humain, rend féroce & cruel, & il est à craindre qu'un bourreau ne se déprave. A Rome, on les reléguoit hors de la ville, & leur métier étoit d'autant plus infâme qu'on les obligeoit à violer les vierges avant de les étrangler (1). Une loi des Rhodiens leur défendoit même d'entrer jamais dans la ville (2).

Mais le despotisme & la superstition qui intervertissent tout, changent quelquefois ces idées. On a vu des princes faire les fonctions de bourreau, & s'amuser à cet exercice : on dit que la capitale du royaume de Maroc n'a eu long-tems d'autre exécuteur que l'empereur lui-même ; que Muley Ismaël a tué dix mille hom-

---

(1) Après la condamnation de Séjan, on traîna en prison sa fille, âgée de huit ou dix ans : elle demandoit sans cesse où *on la menoit*, & *ce qu'elle avoit fait* ; elle disoit *qu'elle ne le feroit plus*, & qu'on *n'avoit qu'à lui donner de fouet*. On la condamna à mort, & le bourreau la viola avant de l'étrangler. *Annal. de Tacite*, L. 5.

(2) Dion. Chrysost. Orat. 31.

mes de sa main, que tous les vendredis, il abbattoit les têtes de cinquante chrétiens ; ce qui paroît un peu exagéré ; & qu'il étoit devenu si féroce, que, pour montrer son adresse, il enlevoit d'un coup de sabre la tête d'un de ses écuyers.

C'est le roi de Mélinde qui donne la bastonnade : ceux qui la reçoivent baisent les pieds du prince & le remercient. En d'autres pays, on amene au palais les officiers qui ont malversé : on les couche le visage contre terre ; le roi prend son bâton de justice, & leur en applique autant de coups qu'il le juge à propos (1).

Les Indiens du Malabar obéissent sans réserve à leur souverain, & au premier mot qui sort de sa bouche, les naïres de la garde, s'empressent de faire l'office de bourreau (2).

––––––––––

(1) Ossor. Ramusio. Davity. Dapper.

(2) Le Voyageur Dellon ajoute qu'il n'y a pas d'autre exécuteur dans la nation ; mais les naïres de la garde n'habitent pas l'intérieur du pays, & on doit relever ici une méprise des Voyageurs qui est assez singuliere : comme la plupart ne voyent que les capitales, ils jugent par-là du reste de l'empire : ainsi les uns nous disent que chez les Negres, les rois *jugent toutes leurs causes*, parce qu'ils jugent toutes celles de la capitale : qu'à Maroc, l'empereur étoit *le bourreau de tout l'empire*, parce que Muley Ismaël prenoit plaisir à exécuter les criminels de sa résidence, &c.

Le roi de Siam donne à tous les gouverneurs de province des bourreaux pour l'exécution de ses ordres : on les nomme *bras peints*, parce qu'ils se déchiquetent les bras, & qu'ils mettent sur leurs plaies de la poudre à canon, qui les peints d'un bleu noirâtre (1).

Les exécuteurs chinois sont des soldats ; les préjugés n'attachent point de honte à leurs fonctions, & c'est un honneur de s'en bien acquitter. A Pékin, ils portent une ceinture de soie jaune, c'est-à-dire, de la couleur impériale : leur sabre est couvert de la même étoffe, pour montrer qu'ils sont revêtus de l'autorité de l'empereur (2).

Lorsqu'on veut accorder une grace à un criminel Japonois, on permet à son plus proche parent de l'exécuter dans sa maison, & cette mort qui n'a rien d'honteux pour celui qui la donne est aussi moins déshonorante pour celui qui la reçoit. Plusieurs demandent la permission de s'ouvrir le ventre de leurs propres mains, & c'est le comble de la faveur de l'obtenir (3). Le public lui-même partage dans cette isle les fonctions du bourreau : on coupa la tête aux deux

---

(1) Rel. de la Loubere.
(2) Rel. de Magalhaens.
(3) Rel. de Kempfer.

hommes & à la femme que Sarris vit exécuter.
Les fpectateurs effayerent enfuite la bonté de
leurs fabres, & taillerent les cadavres en pieces.
Ils replacerent les morceaux les uns fur les autres, & ils recommencerent encore cette fan-
glante boucherie, pour voir qui couperoit le plus
de morceaux à la fois.

Quand la fuperftition profcrit un homme,
des fanatiques le tourmentent de leurs propres
mains. Un Juif fut accufé de blafphéme contre
la Sainte Vierge; on le condamna à étre écor-
ché : des chevaliers mafqués, le couteau à la
main, monterent fur l'échafaud, & en chafferent
l'exécuteur, pour venger eux-mêmes l'honneur
de la Sainte Vierge.

Bonner, évêque de Londres, arrachoit la
barbe d'un tifferand, qui ne vouloit pas abjurer
fes fyftêmes : il fouetta lui-même un autre héréti-
que ; il tint la main d'un troifieme fur la chan-
delle, jufqu'à ce que les nerfs & les veines fuffent
brûlés, afin de lui faire fentir combien le fupplice
du feu eft horrible.

Wryothefly, chancelier d'Angleterre, ordonna
de mettre à la torture une jeune & belle femme,
qui ne penfoit pas comme lui fur la préfence
réelle de Jefus-Chrift dans le Sacrement de
l'Euchariftie ; de fon propre bras, il lui déchira

le corps , & enſuite il la jetta dans les flammes (1).

Voici une biſarrerie qu'il faut expliquer. La
profeſſion des Tanneurs eſt abhorrée au Japon,
parce qu'ils paſſent leur vie à écorcher des cadavres , & ils exercent l'office de bourreau (2). — Il
paroît que les Japonois ont un goût très-vif pour
les parfums , & ils déteſtent les Tanneurs qui
ſont fort ſales & qui ſentent mauvais.

CHAPITRE III.

Appareil des ſupplices.

Les attentats que venge la loi ſont ſouvent
irréparables ; mais on cherche à prévenir d'autres délits. On veut intimider le peuple par la
terreur & le remuer fortement par le ſouvenir
des châtimens qui attendent les coupables ; &
les exécutions ſe font avec appareil. Dans les
ſiecles de barbarie , le ſupplice des criminels
étoit un ſpectacle qu'on donnoit au peuple , &
l'on choiſiſſoit ſouvent les jours de fête.

(1) *Principles of penal Law.*
(2) Kempfer.

Le Tunquinois, qui reçoit son arrêt de mort, est obligé de se présenter avec un bouquet d'herbes à la bouche, parce qu'il mérite de le brouter, & d'être traité comme une bête. — A Fez, on promene le criminel les mains liées derriere le dos, & il annonce lui-même la cause de son supplice.

Il y a des peuples dont le caractere violent est difficile à dompter, & l'on a recours à des moyens plus durs. Autrefois, en Angleterre, on coupoit les parties de la génération à un criminel avant de l'exécuter ; on les brûloit devant lui, & on lui disoit : *Misérable, tu ne méritois pas de recevoir le jour, & tu n'es pas digne de laisser de postérité* (1).

Si l'on exécutoit deux criminels à la fois, on amenoit le second auprès de son camarade qu'on coupoit en morceaux : le bourreau s'approchoit de tems en tems de lui, & frottant de ses mains ensanglantées le visage de ce malheureux, il étoit obligé de lui dire en raillant : *N. comment trouves-tu cette besogne ? est-elle de ton goût* (2) ?

Les législateurs & les magistrats ordonnerent, par caprice, d'autres raffinemens de cruauté.

---

(1) *State trials*, vol. 1.
(2) *Principles penal of Law.*

Louis XI fait couper la tête à Jacques d'Arma-
gnac, & il veut que ses enfans, dont le plus
âgé avoit à peine douze ans, se placent sous
l'échafaud, tête nue, les mains jointes, & vêtus
de blanc, afin qu'ils soient arrosés du sang de
leur pere.

On répandit sur les supplices un appareil d'un
autre genre. Casimir Liszynskly, gentilhomme
Polonois, accusé d'athéisme, fut brûlé : on mit
ses cendres dans un canon, qu'on tira du côté de
la Tartarie.

Les Egyptiens sentirent de la commisération
pour les criminels, & avant de conduire un homme au supplice, on l'étourdissoit, en lui faisant
avaler de l'encens (1).

----

(1) Recherches philosophiques sur les Egyptiens, t. 1.

CHAPITRE IV.

Préjugés sur l'infamie des supplices.

CHEZ les Sauvages & chez quelques peuples barbares, la mort d'un coupable ne fait rejaillir aucune infamie sur ses parens. Lorsqu'il se trouve un criminel dans une famille, ses proches s'empressent à l'exécuter eux mêmes, pour qu'on ne les accuse pas d'être complices.

Il y a des contrées où la nature ne parle plus dès qu'un homme est digne de mort, & où la mere prend des moyens pour arrêter son évasion, comme elle en prend ailleurs pour la favoriser. Diodore de Sicile raconte qu'un Éthiopien condamné à mort forma le projet de s'enfuir, & que sa mere l'étrangla avec une jarretiere, afin de n'être pas déshonorée par cette fuite.

D'autres peuples sentent la fragilité de l'homme, & ils ont de l'indulgence pour les criminels. Ils les traitent comme des malheureux que l'on sacrifie au salut public, sans les haïr & sans les mépriser. Chez les Hottentots, le châtiment efface le crime : la mémoire du coupable n'est point flétrie, & on célébre ses funérailles avec autant de respect que s'il étoit mort vertueux (1). Sur la Côte d'Or, ses parens s'assemblent & pleurent autour de son corps : ils prennent sa tête, ils la font cuire, jusqu'à ce qu'elle soit dépouillée de toute sa chair ; ils en avalent le bouillon, & suspendent le crâne à leurs féti- ches (2).

Les préjugés naissent à mesure que les sociétés se policent, & quoique les conseils, les exhor- tations & les soins des parens, ne puissent pas triompher d'un mauvais naturel, ou de l'empor- tement des passions, des innocens partagent la honte du délit. Ce préjugé est absurde en lui- même ; il fait bien des victimes, mais il ne faut peut-être pas regretter qu'il soit répandu parmi le peuple.

La distinction des rangs amene d'autres pré- jugés sur l'infamie de certains supplices, & com- me si le crime ne faisoit pas rentrer indifférem- ment tous les hommes dans la classe des cou- pables, ceux qui périssent par la main du bour- reau, conservent encore, sous le fer des lois, la fierté de leur état. On a donc établi des sup-

---

(1) Kolben.
(2) Voyage d'Artus.

plices différens pour les roturiers & pour les gens de distinction , & parce qu'il ne s'agit que de ne pas infliger aux uns & aux autres les mêmes châtimens, on apperçoit une grande variété dans les usages.

Les Tunquinois étranglent les criminels du sang royal & coupent la tête aux autres (1), tandis qu'en Europe on pend les roturiers & qu'on décapite les nobles.

Les Chinois étranglent aussi un criminel de distinction, à moins que ses crimes ne le ravalent à la punition du peuple , c'est-à-dire , à moins qu'on ne lui tranche la tête. Lorsque l'empereur veut donner aux mandarins & aux seigneurs condamnés à mort, une marque de bonté, il leur envoie un cordon de soie. La décolation passe pour le plus infâme de tous les supplices , parce que la tête , qui est la partie principale de l'homme , est séparée du tronc , & que le criminel ne conserve point , en mourant , son corps , tel qu'il l'a reçu de la nature. Quand un homme meurt de cette maniee , on croit qu'il a manqué de soumission à ses parens , qui lui avoient donné un corps sain & parfait , & on

---

(1) Rel. de Baron.

achete à grand prix les cadavres de ses amis, pour y recoudre la tête (1).

Les anciens Mogols ne permettoient pas qu'on pendit les sectateurs de l'Islamisme , & lorsqu'un Mahométan méritoit la mort , il expiroit sous le fouet (2).

Il y a des délits qui ne supposent pas une ame dépravée , & qu'on punit par un supplice qui n'est point infamant. Ainsi les déserteurs qui passent par les armes ne sont point déshonorés , & si le supplice de la corde ne punissoit qu'un crime odieux , & si la décapitation étoit le châtiment d'un délit moins grand , le préjugé sur l'infamie de certains supplices pourroit être fondé.

Il seroit aisé de s'étendre davantage ; mais quand on a posé les principes , il faut savoir s'arrêter.

------

(1) Rel. de Magalhaens.
(2) Etat civil , polit. & comm. du Bengale , &c. t. 1.

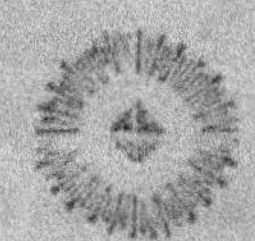

CHAPITRE V.

Châtimens qui donnent quelquefois la mort. Question.

ON parlera ici des châtimens qui donnent souvent la mort, sans que le criminel soit condamné à perdre la vie ; & l'on ajoutera quelques observations sur la bastonnade, le fouet, les gravures au fer chaud & les mutilations. Une législation est bien corrompue, lorsqu'on fait mourir un homme contre la teneur des lois, qui ne décernent qu'une simple correction.

La bastonnade est un châtiment servile, & jamais il ne fut en usage chez les peuples libres, ou chez les peuples courageux. Dans la Gaule & dans la Germanie, un coup de bâton étoit puni plus séverement qu'un meurtre, parce qu'on se croyoit déshonoré par cet outrage, & la bastonnade ne cessa d'être infamante à Rome, que lorsque Rome fut corrompue (1).

Quand on donne le grand knout en Russie,

____

(1) Vid. *Lege ictus fustium de iis qui notantur infamid.*

on suspend le criminel à une potence par les deux poignets. Ses deux pieds sont liés ensemble, & l'on passe entre ses jambes une poûtre qui les disloque (1).

La bastonnade est un châtiment journalier à la Chine ; & chacun est soumis à cette correction paternelle. L'empereur la fait subir aux personnes d'un rang distingué, sans cependant les exclure de sa cour. La plupart des officiers du prince sont les maîtres d'ordonner le *pant-se* ; & comme tout est rempli d'ordonnances & de cérémonies, on donne à chaque instant des coups de bâton. Un seul tue quelquefois une personne délicate ; le patient qui sort des mains du bourreau est obligé de se mettre à genoux devant son juge, de baisser trois fois le front jusqu'à terre, & de le remercier du soin qu'il a pris de son amendement (2).

On n'imprima d'abord des lettres sur le corps d'un coupable, que pour le reconnoître, s'il commettoit de nouveaux délits ; mais, dans la suite, on ne s'arrêta plus. Zonare dit que l'empereur Théophile fit inscrire douze vers sur le front de deux moines ; on lit dans Pétrone,

---

(1) Voyage de l'abbé Chappe.
(2) Duhalde. Le Comte.

qu'Eumolpe remplit le visage de Giton de lettres gravées au fer chaud, & l'on cite des coupables morts sous les mains de l'opérateur.

Les mutilations sont un châtiment de barbares, comme on l'a vu plus haut ; on a déjà observé que les Indiens d'Achem, à qui l'on coupe les bras ou les jambes, en meurent souvent. La peine de crever les yeux, qui n'est pas moins dangereuse, fut jadis très-répandue, & on employa bien des méthodes.

Les Mingréliens, chez qui cet usage est ordinaire, ont deux plaques de fer de la grandeur d'un sol, attachés au bout de deux pointes qui s'unissent à un manche de bois ; ils les rougissent au feu, & ils les appuient sur les yeux du criminel.

Dans l'empire Grec, on se servit long-tems d'une broche ardente ; Michel inventa le vinaigre bouillant, & la derniere façon prévalut.

Henri, frere de Guillaume le Conquérant, faisoit passer devant les yeux un bassin de cuivre ardent.

Le mot de *torture* inspire plus d'horreur que Torture. tout ce que peuvent dire les Ecrivains. Il paroit que l'homme contracte bientôt cet usage ; car les Sauvages tourmentent leurs captifs pour en arracher un aveu. Ce n'est pas l'intérêt de la

O iij

vérité qui les anime. S'ils font au captif une question à laquelle il ne peut répondre, ils prennent son silence pour de l'opiniâtreté; leur colere s'allume, & comme ils croyent qu'il cache ce qu'on lui demande, ils redoublent les tortures.

Lorsque des magistrats ou des satellites interrogent un coupable, ou un innocent, qui n'a rien à répondre, ou qui cache ce qu'il sait, souvent on l'applique à la question, & il est vrai de dire que cette barbarie provient d'un sentiment naturel d'impatience & de colere qui porte à se venger de quiconque heurte nos fantaisies : telle est la premiere origine de la question.

L'histoire de l'homme est toujours affligeante : ses passions enfantent tous les désordres, & l'on ne conçoit pas un autre arrangement. Des conjurés trament dans l'état un complot qui se découvre; on saisit quelques coupables : il est important de connoître leurs complices : on les interroge; ils s'obstinent à se taire; rien ne peut les forcer à parler : on les menace de la torture; on les y met, lors même qu'on n'espere rien de cette barbarie, & qu'on en sent l'absurdité. On remarquera que des conspirateurs unis entre eux par l'attachement de la débauche, étoient encore plus intrépides & plus fermes; & cette circonstance l'introduisit d'ailleurs dans les anciennes républiques.

On ne met pas moins d'importance, à la vérité, dans d'autres occasions, & la plupart des gouvernemens appliquent les criminels à la torture : dès qu'on a fait le premier pas, on confond indistinctement l'innocent, le coupable & l'accusé. Lorsqà'un Gaulois de distinction mouroit d'une mort qu'on croyoit violente, le soupçon tomboit sur ses femmes, comme sur ses domestiques, & on les mettoit tous à la torture (1).

Les tortures sont infinies, & souvent plus douloureuses que les peines capitales, & les combinaisons qu'on a faites pour découvrir ce qui causeroit le plus de tourment, sont vraiment admirables. Quelquefois on brûle au feu les extrémités des doigts ; on disloque les épaules en soulevant, avec une poulie, les bras relevés en arriere. Les Chinois placent les pieds de l'accusé dans des bois creusés, & on les serre de maniere que la cheville en est applatie. On appuie les doigts contre des morceaux de bois, & on les comprime très-fortement. D'autres fois on écorche par degrés le corps du criminel,

---

(1) Cæsar, *de Bello Gallico.*

& on lui enleve de petites lanieres ou des filets de peau.

Gama revenant en Europe se plaignit de la trahison d'un Maure ; il le fit d'abord fouetter ; il ordonna ensuite de le lier par les parties naturelles , & de le tirer de bas en haut avec une poulie (1).

Quand les abus sont établis, la raison & les lumieres les attaquent en vain , & l'habitude a rendu naturels la plupart des maux qui affligent la terre. Les tribunaux eux-mêmes asservis aux anciens préjugés suscitent des obstacles aux réformateurs. Le roi de Saede vient d'abolir la question (2); ses tribunaux lui ont demandé en 1774 un moyen d'engager des voleurs attroupés à révéler leurs complices. Ce prince éclairé leur a , sans doute , répondu qu'il est fâché de n'en point connoître.

---

(1) Prevôt , t. 1.

(2) L'Empire & la Russie viennent de l'abolir également.

CHAPITRE VI.

Supplices qu'on s'inflige foi-même. Conftance dans les fupplices.

Pour mener une vie fans tache, & pour ne pas troubler le repos des autres, l'homme s'apperçut bientôt qu'il faut réprimer fes penchans & dompter fa chair. La divinité fembloit exiger ces facrifices ; on les lui offrit, &, dès ce moment, on ne mit plus de bornes aux tourmens qu'on s'impofa.

Les macérations des Fakirs & des Talapoins font connues, & les légiflateurs ne puniffent pas plus rigoureufement les criminels. Ils fe chargent de chaînes ; ils fe déchirent le corps ; ils prolongent ces tortures pendant des jours, des femaines & des mois entiers.

Les Indiens de Golconde font fouvent des vœux à l'idole de la petite vérole. » On ouvre, avec un couteau, les épaules du fanatique, & l'on y paffe les pointes de deux crocs de fer ; ces crocs tiennent au bout d'une folive pofée fur un effieu, porté par deux roues ; de forte que la folive remue librement. L'Indien tient d'une main un poignard & de l'autre une épée. On l'éleve en l'air, & on le traîne dans cet état l'espace d'un quart de lieue. « Methold, qui en vit accrocher quatorze, s'étonne que la pesanteur du corps ne fît pas rompre la chair.

Les convulsionnaires se dévouoient en apparence à de plus grandes douleurs encore, comme on peut le voir dans l'ouvrage de M. Morand (1).

Ces pénitences volontaires vont quelquefois jusqu'à la mort. On fait au Bengale une procession de l'idole Jagrenat ; on la transporte d'un temple à un autre, & il y a des misérables qui se précipitent sous les roues du char, & qui se croyent fort heureux d'être écrasés (2).

La nature destine l'homme à toutes sortes de maux ; mais elle lui donne un fond de courage qui ne s'affoiblit que dans la société. La fermeté & l'intrépidité des Sauvages nous étonneront toujours, & jamais nous ne sentirons bien qu'elle est leur constance au milieu des supplices.

---

(1) Opuscules de Chirurgie , *in* 4°.
(2) Rel. de Mandeslo & de Bernier.

LIVRE SEIZIEME.

HOMICIDE. SUICIDE, SACRIFICES HUMAINS.

CHAPITRE PREMIER.

Homicide.

L'HOMME cherche à détruire tout ce qui blesse ses passions, & rien n'est si commun chez les Sauvages que le meurtre ; mais dès que les sociétés se forment, on commence à sentir de l'horreur pour l'homicide, & lorsqu'on n'est pas à la guerre, on ne se tue plus aussi légérement. Entre les Marianes & les Philippines, on trouve une isle habitée par un peuple qui parle ainsi : *Ce que je vous dis est aussi vrai qu'il est vrai qu'un homme n'en tue jamais un autre ;* & les Samoyedes ne comprennent pas encore

comment un homme peut tuer un de ses sem-
blables (1).

Les peuples recommencent bientôt à se fami-
liariser avec ce crime , & le monde entier est
devenu un repaire de meurtriers & d'assassins.
On rappellera sommairement les faits épars dans
le reste de l'ouvrage. La commisération & la pitié
égorgent les vieillards , les malades & les estropiés : les peres tuent impunément leurs enfans ,
& les Arméniens & les Parthes conservoient ce
droit sur un fils & sur une fille , lors même qu'ils
étoient en âge nubile. Le droit de la guerre
permet les meurtres les plus crians ; ce n'étoit pas
un péché véniel de tuer des Américains (2) , &
des Espagnols faisoient vœu d'en massacrer douze
par jour. Dans les premiers tems , on laisse à chaque individu le soin de se venger , & les barbares établirent un tarif pour les meurtres ; les
maîtres tuent leurs esclaves ; les Spartiates alloient
à la chasse des ilotes , & les nobles du Danemarck
tuoient un paysan ou un bourgeois , en mettant
un écu sur le corps du défunt, &c. &c. &c.

On croit que le meurtrier a du courage ,
puisqu'il étouffe sa sensibilité & qu'il affronte la

---

(1) Mém. sur les Samoyodes & les Lapons.

(2) Disoient des casuistes , comme on l'a vu ailleurs.

vengeance de toute une famille, & fur ce principe, on met l'affaffinat au nombre des grands exploits. L'habitant de Mindanao qui veut commettre un homicide, amaffe une fomme d'argent pour arrêter les pourfuites : après fon expédition, on l'éleve au rang des braves, avec le droit de porter un turban rouge. Chez les Caraguos, il faut avoir tué fept hommes pour obtenir cet honneur (1).

On a déjà dit que des peuples confacrent le meurtre par la religion ; mais les Idaans, de l'ifle de Borneo, ont perfectionné ce fyftéme : c'eft un article de leur croyance que tous ceux qu'ils mettent à mort feront leurs efclaves dans l'autre monde (2).

Quand les Tartares du Kharafan voyoient un étranger qui avoit de l'efprit, de la valeur ou de la beauté, ils le tuoient, afin de s'approprier fes qualités, ou du moins de les répandre fur leur nation (3).

Les Catalans apprirent que S. Romuald vouloit quitter leur pays ; ils imaginerent de le tuer, & de profiter au moins de fes reliques, & des

---

(1) Voyage de Gemelli Careri.
(2) *Sketches of the hiftory of man.*
(3) Voyage de Marco Polo.

guérifons & des miracles qu'elles opéreroient après
fa mort (1).

Dans le royaume de Tangut , on choifit un
jeune homme vigoureux , qui peut , en certains
jours de l'année , tuer toutes les perfonnes qu'il
rencontre ; car on croit que ceux qui meurent
de fa main obtiennent , fur le champ , le bonheur
éternel (2).

Des peuples voifins des Juifs , au lieu d'adopter
la loi de Dieu ne fuivirent que cet ufage : « Si ton
pere , ou ton fils , ou ta fille , ou ta femme bien
aimée , ou ton ami qui eft comme ton ame , te
difent en fecret , *allons à d'autres dieux* , tu les
lapideras (3). «

La politique elle-même , indépendamment de
la guerre & des exécutions judiciaires , commet
d'autres meurtres. Le P. Parennin affure que l'empereur & les mandarins de la Chine , prennent de
tems en tems des mefures, pour que le peuple manque d'alimens, & qu'ils facrifient fept ou huit cents
mille victimes au repos public; mais on a peine à
le croire.

Enfin , voici ce qui fe paffe dans les fociétés
les plus policées : pour mieux extirper les Sau-

____

(1) Effais hift. fur Paris , par M. de Saint-Foix.

(2) Voyage de Grueber.

(3) Deuter. ch. 13.

vages des environs des colonies, l'Angleterre ne rougit pas d'accorder des primes à ceux qui arra-choient des chevelures d'Indiens, & même on a porté la récompense jusqu'à cent livres sterling (1).

D'autres nations civilisées tolerent des assassins qui exercent leur métier publiquement & avec impunité : il semble qu'on adopte les idées des barbares sur les vengeances particulieres. On trouve à Kachao (2) des meurtriers nocturnes qui sont connus. Ils portent sur leurs habits une cotte de maille couverte d'un tablier de cuir, rempli de trous, auxquels pendent cinq ou six pistolets & plusieurs poignards. Ils ont en outre une longue épée dont le fourreau s'ouvre tout d'un coup au moyen d'un ressort, ce qui épar-gne la peine & le tems de la tirer ; une courte carabine, chargée de vingt ou trente petites balles, & d'un quart de poudre avec un bâton fourchu pour la poser dessus en tirant. Ces assassins mercenaires égorgent l'homme que vous leur indiquez (3).

----

(1) *History of the colony Massachuset's bay by Hut-chinson.* On peut y voir de quelle maniere on chasse les Indiens dans les bois, lorsqu'ils sont le plus paisibles.

(2) Ville appartenante au roi de Portugal sur la riviere de San Domingo en Afrique.

(3) Voyage de Brue.

Les peuples contractent auffi des habitudes inféparables du meurtre. Les Indiens s'enyvrent d'opium, & fe précipitant au milieu des rues une arme à la main, ils tuent les hommes qui fe trouvent fur leur chemin, jufqu'à ce qu'ils foient tués ou arrêtés eux-mêmes. Il ne faut pas imaginer que cette phrénéfie foit rare ; elle fe renouvelle très-fouvent, & M. M. Banks & Solander en ont vu plufieurs exemples pendant leur féjour à Batavia (1).

Des brigands parviennent à fe faire une jouiffance des affaffinats. Un chef de voleurs Sibériens avoua, qu'il donnoit le butin à fes compagnons, & qu'on lui livroit toutes les victimes. Il les déshabilloit, & les attachoit nues à un arbre : il leur ouvroit le fein vis-à-vis du cœur, & il avoit, difoit-il, beaucoup de plaifir à voir les mouvemens & les convulfions de ces infortunés (2).

Les Romains formerent un fpectacle de carnage. Ils étrangloient fans fruit les princes efclaves enchaînés au char des triomphateurs. Si l'on en croit quelques Hiftoriens, l'aréne des

---

(1) Voyage de Cook. Cela s'appelle dans le pays *courir un muck.*

(2) Voyage de l'abbé Chappe.

gladiateurs

gladiateurs étoit couverte en un jour de douze
ou quinze cents hommes tués ou estropiés ; &
les dames exigeoient qu'ils mourussent dans une
attitude agréable. Enfin, ces maîtres du monde
se blâserent sur ce plaisir : ils rassemblerent de
tous côtés des nains ; ils les obligerent de combattre les uns contre les autres & de s'égorger.

L'imagination de l'homme s'exalte, il devient
furieux ; & ce n'est alors qu'une bête plus féroce que le tigre. Un Negre soupçonna d'in-
fidélité sa femme enceinte ; dès qu'elle eut
accouché, il écrasa l'enfant dans un mortier,
& le jetta ensuite aux chiens (1). Muley Ismaël
avoit deux cents enfans : une nourrice lui en
apporta un, qui tendant ses mains caressantes vers
son pere, lui toucha la barbe : Muley le prit par
les pieds, & l'écrasa sur le marbre d'une che-
minée.

---

(1) Voyage de Brue.

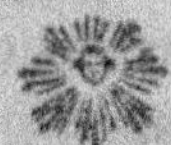

CHAPITRE II.

Suicide.

ON ne difcutera point la queftion du Suicide : on a tant écrit de part & d'autre qu'il n'y a plus rien à dire.

L'homme accablé de chagrins , de douleurs & d'ennui , ne tarde pas à trouver que la vie eft pénible , & le dégoût devient fi fort qu'il cherche à s'en délivrer. Les paffions factices des grandes fociétés le rendent fur-tout malheureux , & l'on voit peu de fuicides dans les premiers tems ; mais on en trouve déjà des exemples.

Les Kamtchadales fe tuent de différentes manieres , ils fe ferrent quelquefois les tefticules jufqu'à s'étouffer (1) ; & les vieux Troglodites qui ne pouvoient plus mener paître les troupeaux s'étrangloient eux-mêmes (2),

Le livre des Supplices apprend à quelle époque & dans quel tems on oblige les criminels à fe tuer de leurs mains.

Les anciens gouvernemens avoient fur cette

---

(1) Hift. du Kamtchatka.
(2) Diod. de Sic. l. 3. ch 17,

matiere des maximes & des lois qui ne reſſem-
blent pas à celles des peuples modernes, & la
politique & la religion autoriſoient le ſuicide.
Séſoſtris, glorieux & conquérant, ſe donna la
mort, après un regne de trente-trois ans. Tous
les prêtres & tous les Egyptiens louerent une ſi
belle action, & chacun diſoit, que la mort du
monarque étoit digne de la grandeur de ſon
ame (1).

Les habitans d'Abydos ſe tuoient en foule
après la priſe de cette ville, & Philippe fit pu-
blier, qu'il permettoit le ſuicide pendant trois
jours (2).

Les Numantins réſerverent par leur capitula-
tion un jour entier, pour ſe donner eux-mêmes
la mort (3).

Les Athéniens expoſoient à l'aréopage les raiſons qu'ils avoient de ſe débarraſſer de la vie:
cette vaine formalité étoit aſſez inutile ; car un
homme pouvoit toujours aggraver ſes chagrins.
Les autres peuples de la Grèce toléroient les ſui-
cides.

Ils entroient dans le plan de la police des an-

____

(1) *Ibid.* l. 1. ſect. 2.
(2) Polybe, l. 16.
(3) Appian. *de Bello Hiſpanico.*

ciens législateurs, puisque les particuliers se brûloient en public, & faisoient de ce meurtre un
spectacle d'appareil. Le fameux Peregrin annon-
ça le jour de sa mort, & le désir de voir une
fête si nouvelle attira une quantité prodigieuse de
spectateurs (1).

Rome, au tems de la république, proclamoit
le courage des suicides. Sous les empereurs, on
se tua de désespoir ; la tyrannie révoltoit ces
ames républicaines, qui se souvenoient encore
de la liberté. Comme on proscrivit la plupart
des grandes familles, on trouvoit un grand
avantage, dit M. de Montesquieu, à prévenir sa
condamnation par une mort volontaire : on
obtenoit l'honneur de la sépulture, & le testament qu'on laissoit étoit exécuté (2). A la fin
du regne de Tibere, il sembloit que le suicide
fût une maladie contagieuse. Les princes s'irri-
terent ; ils vouloient d'ailleurs ôter à celui qui
se tuoit les deux avantages dont on vient de
parler, & ils prirent de grandes précautions pour
arrêter cette phrénésie. Afin d'éluder la loi, les
Romains disoient à un esclave : *je t'ordonne de me*

---

(1) Voyez le Mémoire de M. Capperonnier, dans les
Mém. de l'Acad. des Inscript. & Belles-Lettres.

(2) Voyez Tacite.

faire mourir, & on décerna une peine de mort contre l'efclave qui obéiffoit à fon maitre, lorfque celui-ci lui ordonnoit de le tuer (1).

Les dévouemens pour la patrie, fi communs chez les Anciens, étoient de véritables fuicides (2). Cette coutume facrée fe perfectionna ; car les fénateurs Romains les plus illuftres par leur âge, leur dignité & leurs fervices, fe dévouerent folemnellement pour la république, après la défaite d'Allia & la prife de Rome par les Gaulois (3).

La baffeffe prit dans la fuite la place de l'enthoufiafme républicain & maintint cet ufage : des Romains fe dévouoient pendant la maladie d'un empereur ; d'autres s'engageoient par un vœu folemnel à fe donner la mort, ou à combattre dans l'arêne parmi les gladiateurs, s'il recouvroit la fanté. Caligula obligea deux de ces flatteurs d'accomplir leur promeffe : il voulut affifter au combat de l'un ; on promena l'autre au milieu des rues de Rome, orné de feftons &

---

(1) Loi premiere au Dig. *de Senat. Conf. Sillan.*

(2) Voyez la Differtation de M. Simon fur les dévouemens dans le tome 5 des Mémoires de l'Acad. des Infcript. & Bel'es-Lettres.

(3) Tite-Live, l. 5.

de bandelettes, & une troupe d'enfans le préci-
piterent enfuite du haut des remparts (1).

Garcillaſſo & les autres écrivains de l'hiſtoire
du Pérou, ſe diſputerent, au ſeizieme ſiecle,
pour ſavoir ſi les domeſtiques & les concubines
qu'on faiſoit mourir à la mort des incas, ſe dévouoient volontairement, ou ſi on les y contrai-
gnoit. Garcillaſſo ſoutient qu'ils ſe préſentoient
d'eux-mêmes, & comme ils venoient en plus
grand nombre que ne l'ordonnoit l'étiquette de
la cour, on étoit ſouvent obligé de les renvoyer.

Les grands officiers de la cour du Japon s'engagent quelquefois par un vœu ſolemnel de ne
pas ſurvivre à l'empereur; & l'intendant de la
monnoie avoit fait ce vœu lors du voyage de
Sarris (2). Les Japonois mettent dans leurs ſui-
cides une férocité particuliere, & l'on ſait l'hiſtoire de ces deux ſeigneurs qui s'ouvrirent le ventre ſur l'eſcalier du palais (3).

Au Malabar, on condamne des malheureux à
ſe ſacrifier aux idoles : ces victimes s'exécutent

---

(1) Voyez encore la Diſſertation de M. Simon.

(2) En 1613.

(3) Voyez Kempfer, & le livre des Lois pénales, où
l'on parle ſouvent du caractère des Japonois.

elles-mêmes en se frappant douze fois , avec douze couteaux différens , en douze parties du corps, & en prononçant douze fois : *je me tue moi-même en l'honneur de cette idole* (1).

On célébre chaque année une grande sête dans le royaume d'Arrakan : on fait une procession solemnelle à l'honneur de l'idole *Quiay-Pora* ; on promene l'idole sur un grand char , suivi de quatre-vingt-dix prêtres vêtus de satin jaune. Les plus dévots s'étendent le long du chemin , pour se faire écraser ; ou ils se piquent à des pointes qu'on y attache à dessein , & ils arrosent l'idole de leur sang (2).

Le dogme de la résurrection des corps & des préjugés sur le devoir des épouses s'établirent , & les femmes se tuerent ou se brûlerent dans le tombeau , ou sur le bûcher de leurs maris. Cette coutume subsiste en Orient depuis des milliers d'années ; & l'on dit que chez les anciens Hindous toutes les femmes du mort accouroient vers le juge, & qu'elles se disputoient l'honneur de le suivre dans l'autre monde (3).

Le roi de Narsingue mourut en 1614 ; ses

______

(1) Prevôt , t. 7.

(2) Rel. de Sheldon. Le même usage s'observe aussi à la procession de l'idole de Jagrenat.

(3) Boëmus, *Mores Gentium.*

trois femmes, & entr'autres Obiama, reine de Paliacate, se brûlerent avec son corps (1) ; mais il paroît que la mort des femmes du Malabar & de plusieurs pays de l'Inde, n'est plus volontaire, & que les prêtres les contraignent à ce sacrifice.

On les brûle de trois manieres : dans le royaume de Guzerate, jusqu'à Delhy & Agra, elles s'asseyent dans une hutte de roseaux secs & de bambous, & on y met le feu par dehors. La veuve au Bengale se tient accroupie sur un bûcher, qu'on allume au moment où elle embrasse le corps de son mari. Sur la côte de Coromandel, on fait un feu dans une fosse de dix pieds de profondeur ; dès que la flamme commence à s'élever, les prêtres y amenent la femme à reculons. On jette dans ces bûchers des vases d'huile & de résine ; tandis que les musiciens font un grand bruit de tambourins & de flûtes, pour étouffer les cris de la victime. Dans un autre endroit de la côte de Coromandel, on enterre les femmes vivantes, & chaque spectateur les couvre par pitié d'un panier de sable (2).

-----

(1) Rel. de Floris.
(2) Voyage de Tavernier, l. 3. t. 2.

On donne à ces malheureuses un breuvage qui les étourdit & leur ôte la frayeur qu'inspire l'appareil de la mort. On reviendra sur cette matiere au livre des Obseques & des Funérailles ; mais il faut examiner ici par quelle étrange dépravation on imagina cet excès de folie.

Quand on n'étudie la nature humaine que dans nos climats & nos gouvernemens ; lorsqu'on rapporte tout ce qu'on dit des autres peuples aux préjugés de nos sociétés, à la force de notre imagination & à la trempe de nos ames, on a peine à croire cette coutume : mais l'éducation nous rend susceptibles de tous les courages. Pour devenir pareils à ces peuples décrits par des Voyageurs, que nous accusons d'exagération & de mensonge, il faudroit seulement que les administrateurs eussent intérêt de nous rendre tels ; qu'ils suivissent ce projet avec persévérance, & qu'ils ébauchassent, sans se dégoûter, un ouvrage qui ne seroit achevé que dans quelques siecles.

Des Indiens se précipitent sous le char de Jagrenat : les sauvages d'Amérique chantent au milieu des tourmens ; des vieillards se tuent euxmêmes, ou demandent qu'on les fasse mourir : des esclaves & des officiers suivent avec joie leur maître ou leur prince dans le tombeau ; des

femmes montent gaiment fur le bûcher de leurs
maris : Calanus & Peregrin fe brûlent publiquement au milieu d'une grande fête ; des républicains fe dévouent pour la patrie, &c. Un habitant des contrées modernes ne peut concevoir
cet excès d'héroïfme & de frénéfie, & il eft, à
cet égard, comme l'aveugle, relativement aux
couleurs.

Enfin, on s'eft formé des maximes & des principes fi différens, que les peuples d'aujourd'hui
ne reffemblent point du tout aux anciens. Lorfqu'on voulut abolir le fuicide, on fit des lois
abfolument contraires à celles des Romains. Les
fuicides, par exemple, étoient enterrés, & même
ils fe tuoient pour cela, mais un capitulaire de
Charlemagne (1) défend de dire des Meffes, ou
d'offrir des facrifices pour eux.

____

(1) Voyez le fixieme capitulaire.

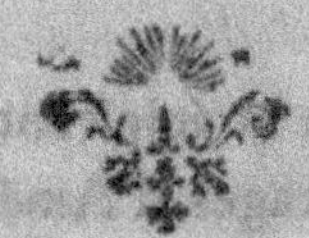

CHAPITRE III.

Sacrifices humains.

D'UN bout de la terre à l'autre, on a immolé des victimes humaines. Les Egyptiens, les Arabes, les Crétois, les Cypriotes, les Rhodiens, les Phocéens & les habitans des autres isles de la Grèce, les Pélasges, les Scythes, les Romains, les Phéniciens, les Persans, les Indiens, les Chinois, les Massagetes, les Getes, les Sarmates, les Islandois, les Norwégiens, les Suéves, les Scandinaves & tous les peuples du Nord, les Gaulois, les Celtes, les Cimbres, les Germains, les Bretons, les Espagnols, & les Negres de divers pays égorgeoient autrefois des hommes sur les autels de leurs dieux (1).

Dans les pays du Nord, on immoloit les princes eux-mêmes : on tiroit les victimes au sort, & souvent il désigna les rois. Domalder fut sacrifié dans un tems de famine, & Olaüs Tretelger fut brûlé vif à l'honneur de Woden. Les

---

(1) Voyez sur ce chapitre un Ouvrage anglois intitulé : *Observations and inquiries relating to various parts of ancient history, by Jacob Bryant.*

princes alors n'épargnoient pas leurs enfans ;
Harald en tua lui-même deux des siens pour
obtenir un vent favorable : un autre en immola
neuf, dans l'espérance de prolonger sa vie, &
de s'approprier les jours qu'on leur retranchoit.
On sait que les Cananéens immoloient sur tout
leurs fils & leurs filles, leurs parens, & les personnes qui leur étoient le plus cheres.

Il ne faut pas croire qu'on immolât une ou
deux victimes par intervalles. Adam de Bréme
dit qu'on respectoit tous les arbres de la forêt
d'Upsal, parce qu'ils étoient tous teints de sang,
& Dithmar de Mersbourg assure qu'à Ledur en
Zélande, on immoloit chaque année quatre vingt-
dix-neuf hommes au dieu Swantowite. Les Carthaginois virent l'ennemi à leurs portes, on saisit
deux cents enfans de la premiere noblesse, & on
les égorgea, avec trois cents personnes qui se dévouerent volontairement. Une loi leur ordonnoit
de n'offrir à Saturne que des enfans d'une illustre
famille (1) ; & Plutarque nous apprend qu'on
imposa une amende aux meres qui laissoient
échapper une marque de tristesse, lorsqu'on les
poignardoit sous leurs yeux.

----

(1) Voyez Diod. de Sic. l. 20. Plutarque, *de Superst.*
Herod. l. 7.

Les supplices de ces victimes sont sans nombre, & on ne rapportera que les principaux.

Les Islandois les écrasoient sur un autel de pierre (1). Les Norwégiens leur enfonçoient le crâne avec un joug de bœuf; & les Gaulois leur brisoient les reins à coups de hache. Les Celtes plaçoient sur un bloc l'homme qu'on vouloit sacrifier, & on lui enfonçoit un grand sabre dans le sternum : les Cimbres lui fendoient le ventre, & ils tiroient des présages de l'écoulement des intestins (2).

Si l'on en croit les rabbins, la statue de Moloch contenoit sept fourneaux, dans lesquels on jettoit les offrandes & les victimes, suivant leur rang : le sixieme fourneau étoit réservé pour le bœuf, & le septieme pour les victimes humaines (3).

Les Albaniens sacrifioient un homme à la Lune : on le nourrissoit bien pendant un an, & on le perçoit à coups de fleches (4).

Les Syriens précipitoient quelquefois leurs enfans du haut d'une montagne escarpée (5).

---

(1) Voyez la Crimogée.
(2) Voyez Bryant, *loco citato*.
(3) Antiq. dévoilée, t. 2.
(4) *Natalis Comes*, l. 1.
(5) Selden, *de Diis Syriæ*.

Les Perfes élifoient un captif pour roi de *la féve*, au commencement de l'année, & après l'avoir traité en monarque, on le pendoit (1).

Les druides de Marfeille choififfoient en tems de pefte un pauvre (2), qu'on nourriffoit pendant un an des mets les plus exquis ; on le chargeoit enfuite des malédictions du peuple, & on l'affommoit.

Les Egyptiens de l'Antiquité noyoient tous les ans une fille dans le Nil, pour obtenir la fécondité de leurs champs, & les Egyptiens modernes obfervent encore cette coutume. Un gouverneur turc voulut l'abolir ; mais comme le Nil ne monta point à fa hauteur ordinaire, il y eut une révolte (3).

Sur la riviere du Kallabar, les Negres immolent des petits enfans pour le rétabliffement de la fanté du roi : on lie fur leur poitrine un coq vivant qui ronge leur chair (4). Snelgrave vit auffi deux échafauds fur lefquels les Dahomays

---

(1) Voffius, *de Idol.* l. 2. Strabon, l. 11. Athénée, l. 14. Dion. Chryfoft. *in Orat. de regno.*

(2) Ces victimes s'offroient volontairement. Petrone, Sat. Serv. Comm. *in lib.* 3. *Æneidos.*

(3) Voyage de Paul Lucas.

(4) Rel. de Snelgrave.

avoient affemblés quatre mille têtes de prifonniers facrifiés.

Shun-chi, pere d'un des derniers empereurs
de la Chìne, fit poignarder trente hommes fur la
foffe d'une maîtreffe favorite, pour appaifer fes
mânes (1).

Au Mexique, un captif montoit nud à l'am-
phithéâtre des facrifices (2) : le prêtre de la
gorge lui mettoit le collier, & quatre autres le
tenoient par les pieds & les mains ; le grand pon-
tife lui fendoit l'eftomac avec un couteau de
pierre ; il en arrachoit le cœur, puis il l'offroit
au Soleil, & il en frottoit le vifage de l'idole (3). Les prêtres rouloient alors le cadavre à
coups de pieds du haut de l'efcalier.

Lorfqu'on immoloit des victimes dans le tems
de détreffe ; on traînoit avec force l'épine du
dos du malheureux fur une grande pierre tranchante & pointue, jufqu'à ce que cette épine fut
brifé, & qu'on vit fortir les entrailles (4).

Il y avoit dans les grandes fêtes d'autres facri-

---

(1) Lettre du P. Couplet.

(2) On a dit ailleurs que les Efpagnols exagererent le
nombre des victimes humaines que les Mexicains offroient
à leurs dieux.

(3) Herrera. Acofta. Gomara.

(4) Coll. de Bry, grands Voyages, part. 12.

fices qu'on nommoit des *écorchemens d'hommes.*
Les prêtres écorchoient plufieurs captifs , & ils
revêtoient de leurs peaux des miniftres fubalter-
nes , qui alloient chanter & danfer à la porte des
maifons ; & ceux qui ne donnoient rien étoient
frappés au vifage d'un coin de la peau qui laiffoit
des traces de fang. La cérémonie ne finiffoit que
lorfque la peau commençoit à fe pourrir , & jufqu'à cette époque , on amaffoit de grandes ri-
cheffes (1).

On contracta fi bien l'habitude de répandre
du fang qu'on offrit celui des animaux , quand on
n'ofa plus verfer celui des hommes. Un prince
Mogol ordonna un facrifice de neuf cents chevaux & de neuf mille moutons ; & à la dédicace du
Temple de Salomon, on égorgea vingt-deux mille
bœufs & cent vingt mille brebis (2).

Le peuple de Rome fut yvre de joie les trois
premiers mois du regne de Caligula , & on immola cent foixante mille victimes (3).

---

(1) *Ibid.*
(2) Liv. 3. des Rois, ch. 8. v. 63.
(3) Suétone.

LIVRE

LIVRE DIX-SEPTIEME.

MALADIE. MÉDECINE. MORT.

CHAPITRE PREMIER.

Médecins. Art de la Médecine.

QUOIQUE les Sauvages ayent peu de maladies, ils ne tardent pas à inventer des remédes ; & ceux qui font là-deſſus des recherches, deviennent inſenſiblement médecins. Leur ſecours, ſouvent nuiſible au malade, influe rarement ſur ſa ſanté : c'eſt le repos & la diete qui opérent la guériſon ; mais on croit qu'ils tiennent en leurs mains la puiſſance de guérir, & l'on a du reſpect pour eux.

Ces médecins trompent aiſément la peuplade :

ils s'approprient la gloire d'une guérison que fait la nature, & l'on imagine qu'ils ont des lumieres furnaturelles. Ils deviennent charlatans, & la docilité du vulgaire leur en facilite les moyens : on est perfuadé qu'ils parlent aux êtres invifibles.

On les prend pour des jongleurs & des forciers, & ils mêlent à leurs opérations des farces myftérieufes. Malgré la vénération qu'ils infpirent, fi le malade meurt, ils effuyent cependant des reproches; & comme eux feuls appliquent les remédes, il faut qu'ils fe juftifient par la fuperftition. Leur profeffion eft dès-lors facrée, & afin d'en écarter les hommes foibles, ils les affujettiffent à des épreuves extrêmement dures : les peuples eux-mêmes impofent quelquefois aux adeptes un pénible noviciat.

» Le Sauvage des environs de la Cayenne, qui veut être médecin, paffe d'abord dix ans (1) chez un ancien *piaie*, qui l'inftruit, & qui obferve s'il a les qualités néceffaires. Quand le tems de l'épreuve eft arrivé, on prefcrit au novice un jeûne fi rigoureux, qu'il ne lui refte plus de forces. On lui révéle les myfteres de l'art qui confiftent en évocations, & on le fait danfer juf-

---

(1) Il doit avoir plus de vingt-cinq ans.

qu'à ce qu'il tombe sans connoissance. On le ranime, en lui appliquant des ceintures & des colliers de grosses fourmis noires, & à l'aide d'un entonnoir, on lui injecte dans les entrailles un grand vase de jus de tabac. Cette médecine lui cause des évacuations de sang qui durent plusieurs jours : on le revêt ensuite de la puissance de guérir ; mais il doit jeûner pendant trois ans, & ne manger la premiere année que du millet & de la cassave : on lui permet, la seconde, d'y ajouter des crabes ; & la troisieme, de petits oiseaux : les liqueurs fortes lui sont interdites. On ne l'appelle auprès d'un malade que lorsqu'il a fini ce cours d'épreuves (1). «

L'apprentissage n'est ailleurs qu'une école de fourberie : pour être jongleur au Canada, il faut d'abord s'enfermer dans une cabane, & passer neuf jours sans manger : le novice tenant une gourde remplie de cailloux, fait un bruit continuel, invoque l'*esprit* par des cris, des hurlemens & des contorsions épouvantables ; & il dit en sortant, qu'il a reçu le don de guérir les malades, de chasser les orages & de changer le tems.

Il y a un inconvénient à se déclarer jongleur

____

(1) Voyage Equinoxial de Biet.

ou forcier ; car les peuples peuvent fe plaindre
toutes les fois que le malade ne guérit pas , &
les Indiens de l'ifle Hifpaniola tirerent avec raifon cette conféquence. Ils demandoient au mort ,
fi c'étoit par la faute des opérateurs qu'ils le
voyoient fans vie : on imagina fouvent que le
cadavre répondoit , *oui* : on fe jettoit fur les jongleurs , & on les mettoit en pieces.

L'intempérance , la débauche , l'ufage des alimens nuifibles & le luxe , énerverent peu-à-peu
les nations. La profeffion des médecins s'étendit , & devint encore plus importante : il y eut
des pays où la nature enfantoit beaucoup de
maladies , & l'on établit un régime diététique fi
minutieux , qu'on mit les médecins aux gages de
l'état. Il n'en coûtoit rien aux Egyptiens pour
fe faire traiter quand ils étoient à la guerre ,
ou qu'ils voyageoient : mais l'ignorance & la
fuperftition donnerent à l'art un caractère de
barbarie , qu'on ne peut comparer qu'à la médecine des Sauvages. Au lieu de s'appuyer fur
l'expérience , on fuivit une ancienne routine ,
& fans examiner l'âge & le tempérament des
malades , on prefcrivoit les mêmes remédes à
tout le monde. Si le malade ne guériffoit pas
en obfervant le traitement prefcrit dans les livres
facrés , on ne pourfuivoit pas le médecin ; mais

on le puniſſoit de mort, s'il s'en écartoit (1). Chaque médecin ne guériſſoit d'ailleurs qu'une maladie ; les uns traitoient les maladies des yeux, les autres de la tête , ou des dents : ceux-ci s'adonnoient aux opérations de la chirurgie, & ceux-là guériſſoient les maladies intérieures (2).

La médecine traîne après elle une foule d'abus, ſur-tout dans les tems d'ignorance : on voit, en effet , que des peuples s'en dégoûterent, & qu'ils eurent une ſorte de mépris pour cet art. Les Babyloniens ne voulurent point avoir de médecins ; ils aimoient mieux expoſer leurs malades ſur les places, afin que les paſſans puſſent les voir & leur indiquer des remédes , s'ils en connoiſſoient. Une loi de l'état aſtreignit le public à ne pas refuſer ces ſecours (3).

Les Romains , qui ſubordonnerent toujours à l'art de la guerre , la profeſſion la plus utile , les mépriſerent , parce que leurs ſoins avoient *quelque choſe de ſervile & même de ſale* : la loi puniſſoit leur négligence ou leur impéritie ; elle les condamnoit à la déportation ou à la

---

(1) Diod. de Sic. l. 1. ſect. 2.

(2) *Ibid.*

(3) Hérod. l. 1. Strabon , l. 16.

mort (1). Cette profession parut dans la suite indigne d'un homme libre ; elle ne fut alors exercée que par des esclaves (2), & l'art lui-même partagea mieux encore leur bassesse.

Les châtimens & les menaces qu'essuient les médecins de la Cochinchine, les ont réduit à n'entreprendre la guérison des malades, que lorsqu'ils comptent en venir à bout.

Les peuples perdoient insensiblement le respect qu'ils avoient pour la médecine & les médecins cherchoient à la conserver. Il survint une époque où ils imaginerent de faire vœu de continence.

Enfin, chez les peuples raisonneurs, les médecins cachent l'insuffisance de l'art, sous un jargon de vaines paroles : comme la science en impose toujours à cette époque de la civilisation, ils maintiennent leur autorité par des termes empiriques.

---

(1) Voyez la loi *Cornelia de Sicariis*. Instit. l. 4. tit. 3; *de Lege Aquilâ*, part. 7.

(2) Laurentius, *de Medicis & Balneis*, Coll. de Gronovius, t. 9.

CHAPITRE II.

Manieres de guérir. Remédes.

Que peuvent faire, à la vue d'un malade, des Sauvages qui ne connoissent ni l'organisation du corps humain, ni les propriétés des plantes ? le tourmenter par des remédes grossiers, & recourir au jongleur & à la superstition.

Plusieurs Indiens de l'Amérique septentrionale secouent le malade d'une maniere brusque & violente ; ils le serrent ; ils lui soufflent dessus : le village & les devins s'attroupent, & ils l'agitent en chantant, & en faisant des mascarades & des bouffonneries. Chez les Sauvages de la Floride, il respire des fumigations, qui lui causent des vomissemens : d'autres le plongent tout nud dans l'eau, ou dans la neige au milieu de l'hyver : ailleurs on l'oblige de danser, & on lui prostitue des filles & des femmes (1). Les peuples du Pérou traînent dans la riviere celui qui a la fiévre, & on lui donne ensuite des coups

____

(1) Voyage de la Potherie & les autres Voyageurs. —

Q iv

de fouet, jufqu'à ce qu'il court à perte d'haleine autour d'un grand feu.

La plupart fondent ce traitement fur un fyftême affez fingulier ; ils croyent qu'un malade eft un homme dont *la trifteffe & la maladie* (qu'ils perfonnifient) fe font emparés ; que s'il ne fe leve plus, s'il ne danfe & ne rit plus, il faut qu'il fe remue, qu'il faute & qu'il ait de la bonne humeur pour chaffer *la maladie.* Enfin, ils imaginent que la mort n'eft qu'un état de repos, & afin de l'écarter, ils font un grand bruit (1).

Ils reconnoiffent bientôt que ces traitemens font nuifibles au malade ; & dans leur ignorance, ils l'abandonnent au forcier. Les jongleurs du Canada entonnent d'une voie effrayante des chanfons fur l'efficacité de leurs remédes : ils invoquent en danfant les efprits de l'air & des enfers, & tirant d'un fac quelques grains de terre, des feuilles & du bled roulés enfemble, ils les appliquent fur la partie affligée. Souvent on croit que le malade eft enforcelé : alors le jongleur fe précipite fur lui ; il fuce fa peau ; il s'agite, & le preffe fortement pour en arracher le charme ; il montre enfuite quelque chofe qu'il tire de fa bouche & qu'il dit être le charme.

---

(1) Voyage de Champlain, &c.

Les Negres d'Iſſiny ſe contentent de colorer un malade avec différentes peintures à l'honneur des dieux fétiches ; & on lui donne un cordial, ſans lui faire rien changer à ſa maniere de vivre (1).

Suivant les inſulaires de Madagaſcar, un malade a perdu ſon *eſprit*, & on charge le prêtre de le chercher. Celui-ci va la nuit ſur les cimetieres, & tenant ſon bonnet ouvert, il évoque l'ame du pere du malade ; il lui demande, où eſt allé *l'eſprit de ſon fils* ou *de ſa fille ?* Il ferme enſuite le bonnet, & court vers le malade, en diſant qu'il tient l'eſprit. Pour le faire rentrer dans le cerveau du malade, il lui met le bonnet : s'il meurt, le ſorcier aſſure que *l'eſprit s'en eſt retourné*, parce qu'on ne l'a pas bien gardé (2).

L'eſprit des premieres peuplades ſe perfectionne : on croit que les maladies viennent du ſang, & la chirurgie commence à naître.

Les Indiens de Terre-Ferme aſſeyent le malade nud devant un homme, qui, à l'aide d'un arc, lui tire ſur toutes les parties du corps, avec une promptitude ſurprenante de petites fleches, qui ſont arrêtées par un cercle pour qu'elles ne

---

(1) Voyage de Loyer.
(2) *Drury's hiſtory Flacourt.*

pénetrent pas trop avant. Dès que le sang jaillit, les spectateurs applaudissent, par des sauts & des cris, à l'habileté de l'opérateur (1).

Les Sauvages de la Floride ouvroient, avec une coquille, le front du malade ; ils en suçoient le sang, qu'ils rejettoient ensuite dans un vase (2).

Les Hottentots appliquent souvent les ventoufes : le malade se couche à terre ; le médecin tâte, & suce la partie affectée ; il y pose ensuite un cornet, dont les bords sont aigus ; il le presse fortement : après l'avoir retiré, il fait deux incisions de la longueur d'un pouce, & il y replace ensuite le cornet, jusqu'à ce qu'il soit rempli de sang (3).

Dans l'une des Cyclades, on expose les malades sur la fumée brûlante d'un volcan : les Anglois ont vu un pere qui tenoit ainsi son enfant exposé à la chaleur (4).

Plusieurs Negres se tirent du sang d'un coup de couteau ; ils laissent couler la blessure aussi long-tems qu'ils le jugent nécessaire (5).

---

(1) Rel. de Waffer.
(2) Rel. de la Laudonniere. Coll. de Bry.
(3) Kolben.
(4) Second Voyage de Cook.
(5) Artus. Villaut. Bosman. Barbot.

Les Lapons n'ont point de médecins ; ils se contentent de brûler ou de scarifier eux-mêmes la partie malade (1).

Les nations barbares conservent plus ou moins long-tems ces premiers usages. Les Bukkariens imaginent que si l'on ressent de la douleur, il y a un être mal-faisant qui s'obstine à la causer, & qu'on ne le chassera qu'en amputant la partie malade ; mais comme l'incision seroit dangereuse, on en a imaginé une qui ne blesse point. Le mullah lit un passage de son grimoire ; il souffle sur le malade, & il passe à diverses reprises un couteau tranchant autour de ses joues (2).

Les Tonquinois saignent principalement au front : ils emploient un os de poisson, qu'ils enfoncent dans la veine. Ils appliquent aussi en différens endroits du corps des feuilles d'arbres séches & humectées d'encre de la Chine d'un pouce de diametre, & ils les allument, ce qui cause une douleur extrême (3).

Si l'on croit les Siamois, en comprimant le corps, on parvient à faire sortir *la maladie*, ainsi

---

(1) Voyez les différens Voyages en Laponie.

(2) Hist. des Turcs & des Mongols, & Abulghazi Khan.

(3) Rel. de Baron, dans Churchill.

qu'en preſſant une veſſie, on chaſſe l'air qu'elle renferme. Un malade ſe couche à terre ; on lui amollit le corps, & on le foule aux pieds. On aſſure que les femmes groſſes recourent à cet expédient, pour accoucher avec plus de facilité (1).

La ſuperſtition ou des raiſonnemens faux détruiſent-l'effet des remédes, & de-là proviennent les biſarreries qu'on voit dans le traitement des malades.

Les Coréens abandonnent comme des peſtiférés ceux qui ont une maladie contagieuſe ; ils les reléguent dans de petites huttes de paille, au milieu des champs. Les parens & les amis ſont obligés d'en prendre ſoin, & le malheureux qui ne connoît perſonne, meurt ſans qu'on y faſſe attention (2).

L'approche des malades n'eſt permiſe en Tartarie qu'à ceux qui les gardent. Dès qu'un homme ou une femme tombent malades, on annonce, par un ſignal placé ſur la porte, qu'on ne peut pas les viſiter ; & les grands du pays entretiennent des gardes autour de leurs maiſons ; on a peur qu'un malin eſprit, ou un vent nuiſible,

---

(1) Rel. de la Loubere.
(2) Rel. d'Hamel.

ne s'introduife avec ceux qui viendroient les voir (1).

Les Mongols fuivoient autrefois le même ufage (2).

Une loi défendoit aux infulaires de Délos de mourir dans cette ifle, rendue facrée par la naiffance d'Apollon & de Diane ; les femmes ne pouvoient pas non plus y accoucher, parce que Latone y avoit fait fes couches : on portoit les femmes en couche & les malades dans une ifle voifine (3).

Chez les nations policées, la médecine n'eft plus un art ; on l'établit fur des principes comme les autres fciences ; & on ne peut trop admirer avec combien de fageffe & de modération les Anciens lui prefcrivirent des bornes. Comme elle eft incertaine en elle-même, elle dégénere en verbiage, depuis que l'efprit humain a voulu trop raifonner fur les anciens aphorifmes ; & l'on eft indigné, lorfqu'on voit dans la pharmacie, quel appareil de drogues & de préparations on emploie pour guérir des malades. Il étoit naturel de chercher

---

(1) Voyage de Rubruquis.
(2) Abulghazi Khan.
(3) Strabon, l. 10.

des remédes compliquées à des maladies que les hommes s'opiniâtroient à compliquer eux-mêmes ; mais voici pourquoi on ne sentit pas le point où il falloit s'arrêter.

La métaphysique s'empara de toutes les sciences, & la médecine, qui ne devoit être qu'un recueil d'expériences & de faits, ne fut plus qu'un assemblage de sophismes & de raisonnemens.

Les Arabes cultiverent la médecine, & leur imagination ardente la remplit de pratiques idéales & minutieuses.

Les Juifs ont fait long-tems en Europe le commerce des drogues & des remédes ; leur avarice les multiplia sans cesse, & forma, sur leur efficacité une infinité de systêmes.

Les prêtres cultiverent la médecine seuls ; ils la surchargerent d'ordonnances puériles, & ils acheverent de la rendre minutieuse.

Enfin, l'étude de la nature apprit à connoître les propriétés des corps, & l'on fit de cette découverte un étrange abus. Dans la composition des remédes, on voulut, par exemple, adoucir l'âcreté d'une plante par les qualités anodines d'une autre, & l'imagination calcula l'heureux effet du mélange de toutes ces vertus.

Tout concouroit d'ailleurs à perpétuer l'en-

fance de cet art ; car l'expérience, qui en eft la
bafe, a été long-tems proferite.

Les hommes refuferent eux-mêmes de prendre
certains remédes, qui répugnoient à leur délicateffe. Plotin aima mieux mourir que de recevoir
un lavement, & les Mingreliens ont aujourd'hui
les mêmes préjugés.

Il s'introduifit à différentes époques des ufages qui retarderent de plufieurs fiecles les progrès de l'art : au tems de Louis XI, les vieillards apopleétiques buvoient du fang d'enfant
pour fe rajeunir, & le monarque lui-même en
but.

La fuperftition rallentit ces progrès d'un autre côté. La diffeétion du corps humain paffoit
encore pour un facrilége au fiecle de François
Premier, & Charles-Quint demanda aux théolo-
giens de Salamanque, fi l'on pouvoit en confcience découper un cadavre, afin d'en connoître la
ftruéture.

La charlatanerie commence à perdre fon cré-
dit, & fi les déclamations & les railleries des
poëtes & des philofophes font fouvent outrées,
la raifon reprend enfin fon empire : on proferit
ces ordonnances, & ces remédes par lefquels on
a défiguré le plus refpeétable des arts.

CHAPITRE III.

Maladies incurables. Vieillesse. Mort.

L'HOMME touche à la fin de sa carriere, & à cette triste époque, on va voir de nouveaux désordres.

Lorsqu'un Sauvage est à l'agonie, & qu'il n'y a plus d'espoir de le guérir, ses parens & ses amis ne savent que faire ; ils l'abandonnent quelquefois à son sort, & ils ôtent de devant leurs yeux ce malheureux qui les attriste & auquel ils ne peuvent être d'aucun secours.

Des Indiens de l'Amérique portoient un homme mourant dans une forêt : après l'avoir attaché à deux arbres, ils dansoient tout le jour autour de lui ; le soir, ils mettoient à ses côtés de l'eau & des vivres pour quatre jours, & ils s'en alloient. Si le malade revenoit parmi ses compagnons, on le recevoit avec joie : s'il mouroit, on ne s'en embarrassoit plus (1).

Dans le royaume de Nekbal, on porte ainsi hors de la ville les malades dont on n'espere plus

______

(1) Coll. de Bry, grands Voyages, partie 10.

la guérison, & on les jette dans une fosse remplie de cadavres (1).

Bientôt on se persuade que c'est une bonne action de terminer les douleurs incurables des malades, & malgré les ordonnances, on voit encore dans les grandes sociétés des hommes qui font le même raisonnement.

Les insulaires de Socotora laissent souffrir les malades le moins qu'il est possible : les malades eux-mêmes demandent cette faveur à leurs parens. On leur donne alors une liqueur blanche, qui est un poison très-actif (2).

Afin d'abréger les souffrances & l'agonie des mourans, au royaume de Matamba, on les prend par les bras ou par les jambes ; on les éleve en l'air ; on pousse des cris & des hurlemens, & on les laisse tomber à terre avec violence (3).

Les habitans du Congo imaginent qu'on ne sort de cette vie misérable que pour entrer dans une autre remplie de jouissances & de plaisirs,

---

(1) Voyage de Grueber.

(2) Ossorius, l. 5. Maffæus, l. 3.

(3) Labat. Après avoir considéré quelque tems ce malheureux, ils le baisent, & se roulent par terre comme des furieux ; ils le pressent sur leur sein, pour montrer que sa mort les met au désespoir.

& que c'est contribuer au bonheur d'un malade que l'aider à mourir promptement. Ils lui ferment la bouche & le nez ; ils lui donnent des coups de poing, ou ils lui foulent la poitrine (1).

On enfevelit une Groënlandoife veuve, vieille & malade, qui n'a ni enfans ni famille ; & l'on dit que c'est une œuvre méritoire de l'empêcher de languir dans un lit de douleur (2). Sur le même principe, on enterre, avec fa mere, un enfant à la mammelle, lorfqu'il ne peut trouver de nourrice. Si le pere effaye de le nourrir plufieurs jours ; bientôt fon courage l'abandonne, & il le facrifie (3).

Les Troglodites tuoient les malades dont ils n'efpéroient pas la guérifon, & même ceux qu'un accident avoit mutilé, parce que c'est un crime capital de s'obftiner à vivre, dès qu'on ne peut plus contribuer au bien public (4).

L'ufage fi répandu d'égorger ou d'abandonner les vieillards, a quelquefois pour origine la nécceffité ou la pitié.

---

(1) Voyage de Labat.
(2) Rel. de Crantz.
(3) *Ibid.*
(4) Hift. Univ. des Anglois, t. 12.

Des Sauvages ne peuvent les soigner, ni leur fournir de la subsistance, puisque les jeunes gens, les plus robustes, ont peine à pourvoir à la leur. Comment supporter sans cesse ce triste spectacle ? ils prennent le parti de s'en débarrasser. On appliquera aisément l'un ou l'autre de ces deux principes aux différentes contrées. Les Groënlandois & les Hottentots les reléguent dans une isle déserte (1).

Des peuples guerriers, comme les Hérules, les abandonnent ailleurs par férocité (2).

Cette coutume devient si publique, que les vieillards s'y soumettent de bon cœur, & on instituera peut-être des cérémonies qui nous paroîtront fort étranges. On a répété souvent que les Troglodites décrépits se faisoient attacher à la queue d'un taureau, qui les traînoit jusqu'à ce qu'ils eussent expiré, & qu'on les étrangloit, s'ils ne vouloient pas mourir de cette maniere (3); mais cela est difficile à croire.

Les Voyageurs accréditent d'autres mensonges: on dit, par exemple, que des peuples de

---

(1) Rel. de Crantz, & Rel. de Kolben.

(2) Procope.

(3) Hist. Univers. des Anglois qui citent les Auteurs originaux, t. 12.

l'antiquité portoient aux marchés certains vieïl-
lards & les hommes atteints d'une maladie incurable , & qu'on les vendoit à des antropophages.
Il n'est pas plus vrai-semblable que chez les Tartares du Daghestan les vieillards servissent de but
aux enfans qui tiroient de la fleche, & que d'autres peuples tuassent ceux qui ne se soutenoient
pas sur un arbre qu'on secouoit avec violence.

J'aimerois mieux croire ce que rapporte Boëmus des anciens Hindous (1). Comme ils mangeoient les cadavres , ils tuoient les malades assez
promptement , parce que la maladie corrompt les
chairs.

Les Historiens & les Voyageurs rapportent
d'autres usages qu'on abandonne à la critique du
Lecteur. Les vieillards de la Baye d'Hudson
ordonnent à leurs enfans & à leurs amis de les
étrangler : lorsque le jour est arrivé , ils se
mettent dans une fosse ; ils fument d'abord du
tabac , & boivent de la liqueur ; enfin, à un certain signal , on leur met la corde au col (2).

Louis Bartheme assure qu'il vit tuer à Java

---

(1) Boëmus , *Mores Gentium.* Ce fait cependant est
encore suspect, puisque le même Auteur dit que les Indiens voisins ne tuoient point d'animaux , à cause du
dogme de la métempsycose.

(2) Rel. d'Ellis & de Jérémie.

tous ceux que l'âge ou les infirmités rendoient incapables de travail. Les Triballiens immoloient leur pere affoibli par l'âge (1). Les vieux Maffagetes demandoient à être hachés en morceaux avec de la chair de mouton & mangés enfuite: on jettoit dans des lieux écartés , pour y être dévorés par les bêtes féroces (2) , ceux qui mouroient dans leur lit , & la politique fortifia peut-être ce préjugé pour fe débarraffer des citoyens inutiles (3). Enfin , les Venedes , peuples de Germanie , ont tué leurs vieillards jufqu'au commencement du quatorzieme fiecle.

Dans les pays où les malades meurent paifiblement , c'eft un fpectacle intéreffant de voir le fauvage ou l'homme barbare aux prifes avec la mort : il eft tranquille & ferme , & fon courage va jufqu'à l'infenfibilité.

Les Oftiakes montrent une réfignation apathique. S'il leur furvient un ulcere à la jambe , au vifage , ou au ventre ; ils remarquent fans émotion qu'il s'étend & ronge peu-à-peu toutes les parties du corps (4).

---

(1) L. 2. des Topiques d'Ariftote , chap. dernier.

(2) Strabon , l. 11.

(3) On dit que les Bactriens & les Cafpiens avoient le même ufage.

(4) Defcript. de la Ruffie de M. de Strahlembergh.

Les cérémonies des peuples à cet inftant fatal font infinies ; elles découlent de la fuperftition & des idées qu'on fe forme de la mort.

Plufieurs Indiens de l'Amérique feptentrionale égorgent autant de chiens qu'ils en peuvent trouver ; ils croyent que les ames de ces animaux vont avertir que le mourant eft prêt de fe rendre dans l'autre monde. On fait cuire enfuite leur chair, pour augmenter les mets du feftin (1).

Dès qu'un Groënlandois eft à l'agonie, on lui met fes bottes, fes habits les plus beaux, & on lui attache les jambes contre les hanches (2).

Les Lapons donnent un verre d'eau de vie à l'homme qui fe meurt, & ils détruifent fa cabane au moment qu'il expire, de peur que l'ame du défunt ne nuife à ceux qui oferoient l'habiter (3).

Sur la côte de Coromandel, on porte les mourans derriere une vache ; on l'excite à lâcher fon urine : fi leur vifage en eft couvert, l'affemblée faute de joie, car c'eft une marque qu'ils feront placés parmi les bienheureux.

Les Chinois couchent à terre un mourant,

---

(1) Lafiteau.
(2) Rel. de Crantz.
(3) Voyage de Regnard.

afin que sa vie finisse où elle a commencé. Les bonzes viennent avec de petits bassins, des sonnettes & d'autres instrumens, faire un grand bruit. Dès qu'il expire, on met dans sa bouche un bâton qui l'empêche de se fermer : les prêtres assurent alors que l'ame est partie, & sur le soir, trois ou quatre d'entre eux courent par la ville, & sonnent de la trompette, afin de la rappeller. Ils chantent au milieu des campagnes ; s'ils trouvent une grosse mouche, ils s'efforcent de la prendre ; & s'ils en viennent à bout, ils vont la mettre dans la bouche du mort, en disant qu'ils rapportent son ame (1).

On a cité, dans l'Avertissement de cet Ouvrage, l'effet d'un autre usage, & on a dit combien les compilateurs sont ridicules (2).

En raisonnant sur les maladies & sur la mort, l'esprit des mortels, frappé de terreur, dut imaginer bien des chimeres & enfanter des usages révoltans.

Suivant quelques peuples d'Afrique, on ne

---

(1) Rel. de Navarette & de Duhalde.

(2) Voyez Kirchman, *de Funeribus Romanorum ;* Meursius, *de Funere liber singularis ;* Josephus Laurentius, *de Funeribus antiquorum tractatus ;* Quenstedius, *de Sepulturâ veterum.*

meurt jamais de mort naturelle ; & au Congo, à
Angola, à Loango, on fait de grandes recherches pour connoître la cause de la mort d'un
Negre : on persécute ceux qu'on soupçonne, &
on les oblige à se purger par les épreuves ordinaires (1). Lorsqu'on leur dit que l'homme doit
finir tôt ou tard ; ils répondent que *cela est vrai,
mais que les amis de l'autre monde ne se pressent pas
d'appeller à eux les vivans.* Afin d'être plus con-
séquens dans leur principe, ils ont imaginé un
autre subterfuge : on conjure l'enganga de révéler
si le Negre de qualité, qui est mort, a été tué
par son mokisso, ou si son ennemi l'a fait mourir
par sortilége. Le prêtre se frotte les mains, &
si, immédiatement après, il les frappe l'une contre l'autre, on croit que la personne est morte
par la volonté du mokisso : mais, s'il attend
quelques minutes pour les frapper, ils con-
cluent qu'il y a eu du sortilége. Alors on lui
demande, *qui est l'assassin ? étoit-il des amis ou des
ennemis du mort ? est-ce un homme ou une femme ?
où demeure-t il ? de quel mokisso s'est-il servi ?* Si
l'enganga ne répond pas d'une maniere satisfaisante, on passe deux ou trois mois à courir
d'un bout du royaume à l'autre, en consultant

____

(1) Rel. d'Ogilby.

les prêtres & les mokiſſos, juſqu'à ce que les
ſoupçons tombent ſur une perſonne, ou ſur un
village en particulier ; dans le dernier cas, on
s'adreſſe au roi, qui fait ſubir à tout le monde
l'épreuve du bonda. Alors neuf ou dix officiers
ſomment la bourgade entiere de comparoître :
on n'oſe point s'abſenter, de peur de paroître
coupable. Les hommes & les femmes s'approchent : on préſente la liqueur à tous les accuſés,
& pendant qu'ils boivent, les juges frappent un
tambour avec un petit bâton : on leur ordonne
enſuite de marcher & de tomber, s'ils ſont criminels, ou de ſe tenir ſur leurs jambes & d'uriner librement s'ils n'ont rien à ſe reprocher : on
condamne le premier qui a le malheur de tomber (1).

Des nations féroces & guerrieres imaginent
de nouvelles extravagances. Les Gaulois crurent
que l'on pouvoit appaiſer la colere des dieux
& racheter ſa vie par celle d'un autre homme ;

---

(1) Voyez Dapper & Battel.

Si l'on en croit Hendreich, les criminels condamnés à une peine capitale, pouvoient ſeuls annoncer la mort
d'un proche parent, parce que celui qui apportoit une
nouvelle ſi affligeante, devoit, diſoit-on, mourir dans peu,
ou du moins ne jamais reparoître en préſence de ceux à qui
ils l'avoient annoncé.

& quand ils étoient en danger de mourir, ils payoient quelqu'un qui se dévouoit à la mort pour eux. On trouvoit des insensés qui se vendoient ainsi, parce qu'indépendamment de l'argent qu'ils laissoient à leur famille, ils espéroient une vie plus heureuse (1).

Enfin, les Sauvages eux-mêmes cherchent des breuvages d'immortalité : tous les Indiens des Antilles croyoient que la nature cache, dans le continent, des eaux qui rajeunissent les vieillards. Lors de la découverte de l'Amérique, quelques Espagnols coururent dans ce pays chercher ces breuvages, plus encore que des métaux : la premiere expédition ne revint point, & au lieu de penser que les équipages avoient péri, on dit qu'ayant découvert le secret d'une jeunesse éternelle, ils ne se soucioient plus de sortir de ce séjour de délices.

Les peuples raisonneurs (2) voulurent aussi réaliser les fables des poëtes sur la fontaine de Jouvence, & l'on a vu mourir une multitude de foux, victimes de ces systêmes.

---

(1) César.

(2) Les alchymistes, dans les siecles d'ignorance, travaillerent long-tems à la panacée universelle : on recourut ensuite à la transfusion du sang, & cette pratique eut de zélés sectateurs.

Les Scythes & les Chinois (1) infecterent les Perfans de cette erreur ; & elle s'eſt perpétuée en Aſie, où elle ſubſiſte encore.

Quand les Mongols envahirent la Chine, elle produiſoit tant de maux, qu'ils jetterent au feu tous les livres qui traitoient de ces breuvages : les adeptes dès-lors étudierent & travaillerent en ſecret.

Le P. Trigaut, qui étoit à Pékin avant la conquête des Mandhuis, aſſure que preſque tous les magiſtrats & les mandarins de cette ville, adoptoient ce préjugé (2) ; & actuellement les bonzes de la ſecte de Laokium ſont fort adonnés à la recherche du reméde univerſel (3). Leur fondateur connoiſſoit, dit-on, ce ſecret qui s'eſt perdu ; & ſa ſecte s'appelle la ſecte des *Im-mortels.*

---

(1) On dit que les Chinois cherchoient ce breuvage dans des ſiecles antérieurs à notre ère. Rech. phil. ſur les Egyptiens & les Chinois, t. 1.

(2) *Exped. apud Sinas.*

(3) Duhalde.

LIVRE DIX-HUITIEME
ET DERNIER.

OBSEQUES. FUNÉRAILLES.
SÉPULTURES. ENTERREMENS.

CHAPITRE PREMIER.

Obseques. Funérailles.

LES cérémonies & les usages des peuples aux obseques & à l'enterrement des morts, dans les premiers tems de la société, forment un spectacle intéressant. Bientôt l'appareil factice & les simagrées qu'on y joint, font disparoître la sensibilité; mais les funérailles inspirent toujours de l'attendrissement.

Il y a des peuples qui tourmentent leurs malafles, & qui se livrent autour d'eux à la danse & à la joie, comme on l'a dit plus haut : au moment de la mort, la gaité disparoît ; & on n'en voit pas un qui ne soit affligé. Leur douleur manque souvent de délicatesse ; car dans les émotions violentes, on devient insensé ou ridicule ; mais au milieu de tant d'extravagances, on trouve de l'intérêt.

On accompagne les gémissemens & les pleurs de quelques cérémonies pour les rendre plus augustes ; & ceux-mêmes qui conservent les corps dans leurs cabanes les placent, avec une sorte de pompe religieuse, dans le lieu qu'on leur destine.

Ces lamentations portent le caractère des enfans, dont l'ame tendre est véritablement affligée, quoiqu'ils se consolent bientôt. Dès qu'un Otahitien est mort, les parens viennent déplorer cette perte par des cris & des exclamations passionnées qu'ils proferent en chœur, & le moment d'après, ils rient & parlent sans la moindre apparence de chagrin (1).

Plusieurs de ces usages ont une simplicité qui en fait le charme : les habitans d'Otahiti reçoivent sur des morceaux d'étoffe les larmes qu'ils versent, & ils les offrent au défunt (2).

---

(1) Voyage de Cook.
(2) *Ibid.*

Les Attigouautans & d'autres Sauvages de la nouvelle France, enterroient d'abord les morts dans des lieux séparés ; mais ensuite les familles ou les villages recueilloient les offemens, & on célébroit une fête générale, où chaque bourgade apportoit les fiens. On les dépofoit en tas ; on mangeoit en fautant ; & après les avoir placés tous ensemble dans la même foffe, les Indiens s'exhortoient mutuellement à la paix (1).

Aux ifles Mariannes, une mere coupe les cheveux de fon fils pour les conferver : elle porte pendant plufieurs années une corde fur la poitrine ; elle y fait autant de nœuds qu'il s'eft paffé de nuits depuis la mort de fon enfant (2).

On conduifoit le corps embaumé d'un Scythe chez fes parens & fes amis, qui le régaloient tour-à-tour ; & on l'enterroit après cette cérémonie, qui duroit quarante jours (3).

On aime à voir les témoignages d'attachement que donnent les peuples, quoiqu'ils y mêlent de la brutalité. Les Negres de Quojas font autour du corps une efcarmouche qui dure affez long-tems : ils fe mettent à genoux & dé-

______

(1) Voyage de Champlain.
(2) Hift. des ifles Mariannes.
(3) Herod. l. 4.

cochent des fleches devant eux, pour annoncer qu'ils se vengeront de quiconque osera mal parler de leur ami (1).

Quand les obseques sont finies, on les recommence à certains intervalles, afin de ne pas oublier le défunt, & cette coutume assez générale s'observe chez les Sauvages avec plus d'exactitude & de solemnité que parmi nous. Il n'est pas besoin de dire qu'ils répandent alors des larmes passageres qui se tarissent le moment après comme celles des enfans.

Les insulaires d'une des Larrons, y emploient tous les ans une semaine entiere. Ils louent un grand nombre de pleureuses, & les voisins viennent grossir l'assemblée; ils sont attirés par le repas, & ils désirent d'ailleurs obliger un compatriote qui leur rendra le même service dans l'occasion. On pousse des cris la nuit, & l'on s'enyvre le jour; on rappelle au milieu des lamentations, la vie & les actions du mort; on loue sa force, sa taille & sa beauté: s'il survient quelque chose de plaisant, ils rient à gorge déployée, & ils boivent ensuite un coup pour se remettre à pleurer (2).

----

(1) Prevôt, t. 3.
(2) Voyage de Mindana.

Les Negres du Monomotapa rendent tous les huit jours une espèce de culte aux os de leurs parens ; & revêtus d'habits blancs, ils leur présentent différens mets.

Les cérémonies funebres, chez les Negres de la Côte d'Or, recommencent douze années après l'enterrement ; les femmes reprennent le deuil & paroissent aussi affligées que le premier jour de leur veuvage (1).

Les principales coutumes des peuples barbares sont fondées sur le dogme de la résurrection des corps, ou plutôt sur cette persuasion intérieure que nous vivrons au-delà du tombeau. On met près du défunt des étoffes, des alimens & des fruits, & même on a soin d'entretenir ces provisions : ainsi les Negres de Sierra - Leona portent chaque jour de l'eau fraîche sur la biere des morts (2).

Ce même usage devient plus ou moins grossier, suivant les circonstances & les préjugés. Les Sauvages des environs de Québec enterrent, avec le défunt, tout ce qu'il avoit, chaudieres, fourures, haches, casse-têtes, arcs, fleches, habits (3). &c.

---

(1) Prevôt, t. 4.
(2) Voyage de Finch.
(3) Voyage de Champlain.

Les

Les Negres de la Côte d'Or y ajoutent les uftenfiles dont il a fait ufage pendant fa vie, & du vin de palmier, s'il aimoit le vin (1).

Aux ifles Philippines, à côté de la biere du mort, on en remplit une feconde de fes meilleurs habits & de fes armes, fi c'eft un homme; & de fes outils, fi c'eft une femme (2).

En général, les Negres fe contentent de fufpendre à un poteau fon arc, fon carquois & fa zagaye.

Une Livonienne met fur la biere de fon mari, du fil & une aiguille; elle auroit honte s'il paroiffoit dans l'autre monde avec des habits déchirés.

Les payfans de Courlande donnent de l'argent aux morts; on croit qu'ils vivroient miférables dans l'autre vie, s'ils n'avoient pas de quoi fournir à leurs befoins; & les Tonquinois rempliffent auffi la bouche des perfonnes riches, de piéces d'or & d'argent (3).

---

(1) Villaut. Barbot. Bofman. Artus.

(2) Voyage de Gemelli Careri.

(3) On reviendra tout-à-l'heure fur cet ufage : cet argent eft communément deftiné aux befoins du mort dans l'autre monde; d'autres fois on l'envoie à Caron, &c. fuivant la Mythologie des différens peuples.

Les Ostiakes les enterrent avec des marmites & des cuilleres, afin qu'ils n'ayent pas faim, si les dieux ne les invitent point à manger.

Les Lapons ne jettent dans les tombeaux qu'une hache, un caillou & un morceau d'acier pour faire du feu.

D'autres peuples du Nord y placent des souliers, afin que le défunt *marche d'un pas ferme* dans l'autre monde.

Les Gaulois brûloient les corps, & ils jettoient des lettres dans le bûcher, comme si le mort eût pu les recevoir & les lire.

Les Tartares Eluths enterroient toujours avec le mort, son meilleur cheval (1).

On remplissoit jadis le caveau du roi d'Asem des idoles d'or ou d'argent qu'il avoit adorées, de ses femmes & de ses officiers ; & on y renfermoit un éléphant, douze chameaux, six chevaux, & quantité de chiens de chasse, pour qu'il ne manquât de rien (2).

Ces mêmes idées produisirent de nouveaux usa-

---

(1) Hist. des Turcs & des Mongols.

(2) Rel. de Tavernier. Ces animaux qu'on laissoit mourir de faim, devenoient sans doute enragés, & se dévoroient naturellement ; pourquoi ne crut-on pas que c'étoit manquer au respect dû au roi ?

ges également abſurdes. Les Incas raſſembloient avec un ſoin extrême leurs poils & les rognures de leurs ongles, & ils les cachoient dans des fentes de murailles : les Parſis étendent ce ſoin juſques ſur leur barbe ; ils recueillent tout ce qui ſe détache de leur corps, ſoit par pourriture ou autrement, & ils le portent une fois l'année au lieu de leur ſépulture. Les cimetieres, dit Ovington, exhalent une puanteur inſupportable.

On ne s'arrêta point, & enfin l'on enterra des vivans avec les morts. Tout concourut à cette abominable erreur : quand on eſt très-affligé, on ne tient point à la vie ; on déſire de rejoindre la perſonne qu'on vient de perdre, & la moindre impulſion ſuffit pour nous y réſoudre.

La ſuperſtition encouragea ces dévouemens, & les prêtres des nations ſauvages en tiroient un grand parti.

Bientôt on fit ces ſacrifices ſur le tombeau des chefs, comme on l'a dit au livre cinquieme.

Quelques morts volontaires acheverent de déterminer les peuples, & on immola des hommes ſous toutes ſortes de prétextes.

Les Sauvages commencent par enterrer avec leur mere, les enfans à la mammelle, parce qu'on ſeroit embarraſſé de les nourrir ; & cet uſage

étoit univerſel au Darien & à la nouvelle Gre-
nade.

Les inſulaires des Philippines égorgeoient déjà
un homme à la mort d'une perſonne riche (1).

Dans le pays de Quojas, & chez la plupart
des Negres, on étrangle des eſclaves, après
les avoir nourris quelque tems de mets déli-
cats (2).

A Loanda, le nombre des victimes eſt pro-
portionné au rang & aux richeſſes du défunt :
on entaſſe les cadavres les uns ſur les autres,
au lieu de la ſépulture (3).

Il falloit que la phrénéſie fût bien violente,
puiſque les Indiens, qui croyent la tranſmigra-
tion des ames, ſont tombés dans la plus abſurde
contradiction. Les veuves du Malabar, & de
quelques autres contrées de l'Inde, ſe brûlent
malgré ce dogme.

Les peuples qui ne tuoient point d'eſclaves,
ni de domeſtiques, imaginerent qu'une épouſe
doit accompagner ſon mari, & ce préjugé ſe
répandit ſur-tout en Orient, où le ſexe eſt fort
maltraité. Il paroît que l'habitude & la ſuperſti-

---

(1) Voyage de Gemelli Careri.
(2) Prevôt, Hiſt. des Voyages, t. 7.
(3) Jarric, vol. 2, Daviry. Dapper.

tion, maîtrisent tellement les femmes qu'elles se
dévouent elles-mêmes à ces sacrifices : un Tartare
de distinction mourut à Pékin, en 1668, une de
ses concubines, âgée de dix-sept ans, vouloit
lui donner cette marque d'affection en dépit de
ses parens. Navarette assure qu'il a vu un vice-
roi de Canton, prier au lit de la mort celle de
ses femmes qu'il aimoit le plus, de ne pas l'abandonner dans le voyage qu'il alloit entreprendre.
Cette femme lui en fit la promesse, & elle se
pendit (1).

On ne négligea rien de ce qui pouvoit mieux
perpétuer cet usage. Les Américains étourdis-
soient par des breuvages, les femmes & les esclaves qu'ils sacrifioient à la mort des Caciques.
Les Orientales avalent des boulettes de feuilles
de tabac, écrasées & réduites en pâte ; elles boivent ensuite un verre d'eau, ce qui les jette dans
le délire, & dissipe la frayeur de la mort.

Rome fit un spectacle de ces meurtres ; elle
méprisa ces usages superstitieux, & cependant
les conserva. On égorgeoit des vivans en l'honneur des morts : des gladiateurs combattoient
devant le bûcher ; on donnoit à ce massacre le
nom de *jeux funéraires*, & des hommes ordon-

----

(1) Rel. de Navarette & Duhalde.

noient en mourant qu'il y eût à leurs obſeques un combat de vingt gladiateurs (1).

L'habitude de répandre du ſang ſur les tombeaux devint inſurmontable : ſi les captifs & les gladiateurs n'en fourniſſoient pas aſſez pour arroſer les bûchers, les perſonnages du deuil ſe déchiroient les joues (2) ; & comme l'un & l'autre ne ſuffiſoient point, on immola des brebis, des bœufs, des oiſeaux, des chiens & des chevaux (3).

Les obſeques ſont ſouvent accompagnées de danſes & de repas dans les premiers tems de la ſociété, ce qui eſt aſſez naturel. La mort inſpire la paix ; elle fait ſentir le beſoin de la concorde : les peuples connoiſſent alors le prix de l'amitié, & ils mangent enſemble pour cimenter leur union.

Afin de mieux rappeller le ſouvenir du mort, on ſe nourrit des animaux qui lui appartenoient. Les peuples du Nord mangent après l'enterrement le renne (4) qui a traîné le corps à la ſépul-

---

(1) Kirchman, *de Funeribus Romanorum*, qui cite les Auteurs originaux.

(2) Servius, *in duodecimum Lib. Æneidos.*

(3) Kirchman, *loco citato.*

(4) Ils en ramaſſent enſuite les os qu'ils vont enterrer avec la figure du défunt.

ture : ils s'enyvrent en chantant les louanges du défunt, & à la fin du repas, on boit le *vin du bienheureux*, pour annoncer qu'il est délivré des miferes *de cette vie*.

Chez les Tartares, tributaires de la Ruffie, on égorge le meilleur de fes chevaux, & les parens, les amis & les domeftiques viennent s'en régaler.

Cette premiere idée mene à l'indécence & à la folie : il eft impoffible d'être fobre dans ces repas, & fi l'on en croit des Voyageurs, qui peut-être ont pris des abus particuliers pour une coutume générale, on fe livre à d'infâmes débauches. Mérolla dit que les Negres de Loango boivent & danfent long-tems ; qu'enfuite l'affemblée fe renferme au milieu des ténébres, & que les hommes & les femmes (1) s'approchent pêlemêle fans aucune diftinction. Le fon des tambours donne le fignal, & excite la lubricité. On ajoute même que tout le monde peut aller prendre part à ces plaifirs, & qu'une mere a beaucoup de peine à retenir fa fille.

---

(1) Suivant Mérolla, la femme du mort fe livre à tous ceux qui demandent fes faveurs, pourvu qu'on ne dife pas un mot, tandis qu'on eft avec elle ; mais le témoignage de cet écrivain, n'eft pas d'un grand poids.

S iv

Les Negres donnent à ces feſtins le nom de *folgars*, & il eſt inutile de dire, qu'ils vendent des eſclaves, afin de n'y pas manquer d'eau-de-vie.

La douleur extrême ne connoît point de frein : on pardonne tout à un homme très-affligé, & comme l'affectation du ſentiment eſt de tous les pays, on exagere ſa douleur & les uſages biſarres commencent à s'établir.

A Otahiti, le premier perſonnage du deuil porte un gros bâton armé d'une dent de goulu de mer ; & dans un tranſport de fureur, que ſa douleur ſemble lui inſpirer, il court ſur les hommes qu'il voit, & il les bleſſe dangereuſement. Les inſulaires s'enfuient avec la plus grande précipitation à l'arrivée d'un convoi, & ils grimpent au haut des arbres, lorſqu'ils ſont ſurpris (1).

Dans la ſuite, ces ſimagrées prennent un autre caractère. A Rome, on mêloit aux funérailles, des blaſphèmes & des actions frénétiques. Suétone dit qu'à la mort de Caligula, » on démolit les temples ; on renverſa les autels des dieux ;

---

(1) Ils prennent d'ailleurs la fuite par quelque idée ſuperſtitieuſe, comme les montagnards d'Ecoſſe qui s'enfuient encore aujourd'hui à l'approche d'un convoi.

on chassa les pénates des maisons , & on jetta des petits enfans à la voirie (1). «

La douleur aime à se répandre : on parle aux morts , comme s'ils étoient encore en vie , & ces questions extravagantes n'annoncent d'abord que de l'affliction ; mais ces tendres plaintes dégénerent en demandes puériles.

La coutume d'interroger un mort varie sur les différentes côtes d'Afrique. Ici , les parens l'élevent sur leurs épaules , & le prêtre lui demande , s'il n'est pas vrai que telle raison a été la cause de sa mort : si ceux qui soutiennent le cadavre font une inclination de tête , c'est une réponse affirmative : s'ils demeurent immobiles , on croit que le mort a répondu , *non*. Les prêtres de la côte d'Akra prennent le cadavre par le nez , & lui disent : » quel motif avez-vous eu de nous quitter ? que vous manquoit-il ? qui faut-il accuser de votre mort (2) ? « Ailleurs , on lui demande : » N'étiez-vous pas content de vivre avec

---

(1) Voyez Suétone : *Quo defunctus est die lapidata sunt templa , subversæ deûm aræ , lares à quibusdam familiares abjecti , partus conjugum expositi.*

(2) Barbot. Bosman , &c. Cette derniere question tient à la croyance des Negres , dont on a parlé ailleurs , *que personne ne meurt de mort naturelle.*

nous ? quel tort-vous a-t-on jamais fait ? n'étiez-vous pas assez riche ? n'aviez vous pas assez de belles femmes ? «

A la mort d'un pere de famille riche, les Albanois s'écrient : » Pourquoi nous quitter, puisque vous aviez du bien, & une famille soumise à vos volontés ? «

Il n'y a pas long-tems que les parens & les amis d'un Russe s'assembloient autour de lui ; & l'appellant par son nom, ils lui disoient en pleurant : » Ne parles-tu plus ? pourquoi n'as-tu pas repoussé la mort ? étois-tu dans le besoin ? tes affaires n'alloient elles pas bien ? te servoit-on mal ? n'avois-tu pas une femme aimable ? te manquoit-elle de fidélité (1) ?

Si jamais la superstition fut excusable, si jamais la mélancolie qu'elle produit fut intéressante, c'est dans ce moment terrible où l'on se voit privé tout-à-coup d'une personne qui nous est chere. Les ames passionnées se nourrissent de chimeres : le matérialiste lui-même invente des systèmes ridicules & adopte des pratiques puériles. Par-tout il se mêle aux obseques des usages superstitieux ; & ils sont assez ressem-

---

(1) Nouv. Mémoires de la Russie.

blans, quoique les diverses religions leur donnent un différent caractère.

Au Congo, dès que le cadavre est dans la fosse, un homme s'approche à reculons, & le couvre de mortier : les assistans viennent aussi-tôt le pétrir avec leurs pieds, afin d enfermer l'esprit du défunt, & qu'il ne songe pas à s'en-fuir (1).

Quand un homme expire au royaume d'Arra-kan, des domestiques ou des parens frappent des instrumens de cuivre (2), pour éloigner un chat noir : si ce chat passoit sur le cadavre, on ima-gine que l'ame erreroit honteusement dans ce monde, privée du bonheur qui lui étoit destiné. On a soin d'ailleurs de peindre sur le cercueil des figures de chevaux, d'éléphans, de vaches, d'aigles, de lions, &c. afin que l'ame puisse trouver un logement honorable ; ou l'on y repré-sente par humilité des rats, des grenouilles & d'autres vils animaux (3).

A la Chine, on appelle l'ame du mort, & on la conjure de revenir ; on suspend un bâton

---

(1) Voyages de Labat.

(2) Les Anciens chassoient aussi les génies malfaisans par le bruit de quelques poïlons de cuivre.

(3) Rel. de Sheldon.

d'appui dans un temple, pour qu'elle puisse s'y reposer : on fait aussi des tablettes, nommées *tablettes des morts*, où l'on croit qu'elle est bien aise de se réfugier ; enfin, on met dans la bouche du défunt une piéce de monnoie d'or ou d'argent, du riz, du froment, des perles & d'autres bagatelles (1).

Les Russes placent entre ses doigts ce passeport : » Nous, patriarche, &c. certifions que N. porteur de nos lettres, a toujours vécu en bon chrétien, faisant profession de la religion grecque, & bien qu'il ait péché, qu'il s'en est confessé, & qu'il a reçu l'absolution & la communion ; qu'il a révéré Dieu & ses Saints ; qu'il a fait ses prieres ; qu'il a jeûné aux heures & aux jours ordonnés par l'Eglise, & qu'il s'est si bien conduit avec moi, qui suis son confesseur, que je n'ai point de sujet de me plaindre, ni de lui refuser l'absolution de ses fautes. En foi de quoi, nous lui expédions les présentes, afin que S. Pierre, en les voyant, lui ouvre la porte du paradis. «

Les Lapons Moscovites donnent au mort une bourse remplie d'argent, pour payer à S. Pierre

---

(1) Rel. de Navarette.

son droit d'entrée. Les Anciens mettoient déjà un écu dans la bouche du défunt, afin qu'il ne fût pas arrêté par Caron (1), & ils y ajoutoient même un gâteau de miel, afin d'appaiser le chien Cerbère (2).

Une idée bisarre suffit pour enfanter les coutumes les plus extraordinaires ; & voilà pourquoi on en trouve tant chez les Sauvages.

Les Caraïbes jettent ce qui a touché la personne du mort. Ceux qui habitent la même cabane, exposent leurs effets à l'air, jusqu'à ce que l'odeur du cadavre soit évaporée. Le corps ne sort jamais par la porte, mais par la fenêtre (3). Autrefois à la Chine, on prenoit les mêmes précautions, on disoit que cette porte entretiendroit trop long-tems la douleur : un empereur essaya d'abolir ce préjugé ; il défendit d'ouvrir au palais de nouvelles portes, pour conduire le corps de sa femme à la sépulture (4) : mais l'usage subsiste toujours dans les provinces éloignées de Pékin.

Les Hottentots qui assistent à un convoi funé-

---

(1) Lucien. Juvenal.
(2) Meursius, *de Funere*.
(3) Voyages de Labat.
(4) Duhalde.

bre, s'accroupiſſent au retour devant la hute : deux vieillards étrangers piſſent ſur l'aſſemblée ; ils y jettent enſuite des cendres, & les aſſiſtans s'en frottent le corps (1).

Le convoi d'un noble de Cacongo ne marche qu'en droite ligne, ſur un chemin couvert de feuilles & de branches ; s'il ſe trouve au paſſage un mur ou une maiſon, on l'abat ſur le champ (2).

Les Komaniens plaçoient ſur les tombes ſa figure du mort, le viſage tourné vers l'Orient, & tenant une taſſe à la main (3).

L'empereur du Mexique étoit porté ſur un trône, au lieu de ſa ſépulture ; & pendant la marche, un prince du ſang lui ſouffloit des alimens dans la bouche avec une ſarbacanne d'or.

En Egypte & au Mexique, il y avoit un chien à la tête du convoi ; & ſur les anciens tombeaux des princes & des chevaliers françois, on en voit communément un à leurs pieds.

A la Chine, des hommes portent pendant les obſeques des figures de carton, qui repréſen-

---

(1) Kolben.
(2) Voyage de Merolla.
(3) Voyage de Rubruquis.

tent des esclaves, des tigres, des lions, des chevaux (1), &c.

Les Romains louoient un pantomime de la taille & de la figure du mort : il contrefaisoit son air, sa contenance & ses gestes, & l'on eût cru que le défunt lui même marchoit à son convoi (2).

Un chanoine d'Evreux fonda un Obit pour le repos de son ame : il ordonna d'étendre sur le pavé au milieu du chœur un drap mortuaire, & de mettre aux quatre coins, quatre bouteilles de bon vin & une cinquieme au milieu ; il déclara que le tout appartiendroit aux chantres de l'église (3).

Si on examine les obseques, dans les différens pays & aux différentes époques de la civilisation, il sera facile d'expliquer ce qu'elles renferment de singulier.

Dans la douleur, on prend une couleur lugubre, & on dédaigne les ornemens. Les Otahiciens se mettent nuds, & se noircissent le corps

---

(1) Rel. de Navarette. L'usage des Romains étoit plus raisonnable : on portoit aux funérailles les portraits de ses ancêtres, & l'on défendit aux parens de Libon d'y jamais montrer le sien. Annales de Tacite, l. 2.

(2) Suétone, *in Vespaf.*

(3) Voyez les Mémoires pour servir à l'histoire de la fête des Foux.

pendant le convoi : on fit cette opération à M. Banks, qui eut la curiosité d'y assister (1).

Il est important de constater que le défunt est mort d'une mort naturelle ; & chez les Caraïbes, il faut que toute la famille vienne s'en assurer : si une seule personne manquoit à le voir, les autres Indiens jugeroient qu'on a commis un meurtre, & ils se croiroient obligés de tuer un des parens (2).

Les Negres de Cacongo & d'Angola n'ensevelissent un mort, que lorsque toute la famille est assemblée, & l'éloignement des lieux n'est pas un prétexte de s'absenter (3).

On veut tirer quelques leçons de cette mort : le chef des Sauvages de la Louisiane fait l'éloge du défunt, & les assistans vont les uns après les autres se présenter nuds devant lui ; il leur applique à chacun, d'un bras vigoureux, trois coups d'une laniere large de deux doigts, en disant : *souvenez-vous que pour être un bon guerrier, comme le défunt, il faut savoir souffrir* (4).

---

(1) Voyage de Cook.

(2) Voyages de Labat.

(3) Voyage de Merolla.

(4) Essais hist. sur Paris. M. de Saint-Foix l'a appris de M. de Kerlerec, qui a été long-tems gouverneur de la Louisiane.

La

La famille du mort ne veut pas paroître insensible , & au dernier soupir, on pousse des gémissemens & des cris qui attirent toute la bourgade : chacun exagere son affliction , & les lamentations n'ont plus de bornes. Les Negres sur-tout qui aiment les farces , comme on l'a dit tant de fois, sont de grands pleureurs ; en divers cantons les femmes , & particulierement les vieilles , hurlent, comme des Bacchantes, autour du défunt : elles prennent des postures extravagantes : les unes , armées de piques , cherchent la personne qui manque ; elles feignent même d'ouvrir la terre, pour voir si elle n'y est pas cachée : d'autres courent dans les maisons que fréquentoit le mort, & demandent : *Ne l'avez-vous point vu ?* on leur répond , *il est parti ;* & elles recommencent leurs cris (1).

Si la douleur ne fournit pas des larmes assez abondantes , la plupart des Negres se mettent dans le nez du *siliquastre*, ou poivre indien , afin de pleurer davantage (2).

A la mort d'un prince , ou de quelque personnage de qualité , on fixe pour les cris un tems qui est ordinairement de quinze jours ou d'un

____

(1) Voyage de Loyer.
(2) Voyage de Merolla.

Tome III. T

mois : ils commencent au lever du soleil & durent jusqu'au soir. Comme les habitans des lieux voisins envoient aux pleureurs, des vaches, du riz & des volailles, on passe la nuit à chanter & danser au milieu de la bonne chere (1).

Les parens, les amis & même des étrangers, se rendent, les mains sur la tête, auprès du cadavre d'un seigneur de Loango ; ils l'asseyent sur une natte ou sur un bloc, en le soutenant par des étais : pendant qu'on lui fait les ongles & les cheveux, & qu'on l'oint de takol, les femmes dansent & chantent la noblesse de son origine, sa puissance & ses richesses (2).

Les Ostiaques cachent leur tête & ne quittent point le cadavre pendant plusieurs jours ; &, durant cet intervalle, ils ne cessent d'hurler d'une maniere épouvantable.

Les Egyptiens se couvroient la tête de boue & pleuroient dans les rues, jusqu'à ce que le corps fût inhumé (3).

Pour montrer plus d'affliction, on continue les mêmes simagrées pendant la marche du convoi.

---

(1) Prevôt, t. 3. & *Passim.*
(2) Rel. d'Ogilby.
(3) Diod. de Sic. liv. 1. sect. 2.

Au Tonquin, les fils s'appuyent fur de gros bâtons dans la crainte que l'excès de la douleur ne les faffe tomber. L'aîné fe couche à terre par intervalles, & laiffe paffer le corps de fon pere fur lui ; & lorfqu'il fe releve, il pouffe des deux mains le cercueil en arriere, comme pour engager le mort à remonter au féjour des vivans (1).

On crut devoir embellir & parer le cadavre, & ce goût de la propreté fe retrouve chez les fauvages, chez les peuples barbares, & même chez les peuples policés.

Les Indiens, alliés de la nouvelle France, oignent fes cheveux & fon corps d'huile ; ils appliquent du vermillon fur fon vifage, & ils le couvrent de beaux plumages & de verroteries (2).

Les Hottentots le peignent en jaune (3).

Quelques Negres fe contentent de le laver ; d'autres l'enduifent de diverfes peintures, frifent fes cheveux, & le parent des bijoux qu'il avoit raffemblés pendant fa vie (4).

---

(1) Rel. de Baron.
(2) Voyage de la Potherie, t. 1.
(3) Kolben.
(4) Voyage de Loyer & les autres Voyageurs.

Les anciens Ruſſes mettoient le mort nud ſur une table, & le lavoient avec de l'eau chaude pendant une heure entiere (1).

A la Chine, on le lave, & on le revêt de ſes plus riches habits & des marques de ſa dignité, s'il en avoit une (2).

On ne tarda pas à joindre aux funérailles des emblêmes allégoriques, & tel fut probablement l'origine d'un uſage particulier aux Romains. Les hommes y aſſiſtoient la tête voilée & les femmes le viſage découvert (3); — on vouloit peut-être repréſenter la vie & la mort.

Les légiſlateurs s'occuperent de ces marques de douleur, & ils publierent des ordonnances ſur la maniere dont on devoit être triſte. D'autres politiques écarterent les idées lugubres de l'eſprit des peuples; & pour ôter cette mélancolie qui détache de la terre & ſait oublier la patrie, le gouvernement ſe mêla plus particulierement des obſeques.

Une loi d'Athènes défendoit d'aſſiſter aux

____

(1) *Deſcriptio orbis Terræ Michaëlis Mæandri.*

(2) Navarette & Duhalde.

(3) Plut. Prob. 14. Les femmes ſe découvroient plutôt que les hommes, ſans doute parce qu'elles étoient voilées dans un autre tems, & que ur viſage plus animé repréſente mieux la vie.

funérailles d'un mort dont on n'étoit pas parent (1).

Les Messéniennes ne pouvoient jamais y assister, afin que l'on entendit moins de lamentations (2).

Dans les premiers siecles de l'Eglise (3), on le défendit aux femmes par une autre raison ; on ne pensa pas que la décence leur permît de paroître ainsi en public.

Les sauvages & les peuples barbares prononcent ordinairement l'éloge funébre de tous les morts, & cette institution n'a rien de ridicule. Le tableau de leurs vertus, vraies ou fausses, attendrit les vivans : on rend hommage à leurs belles actions, & qui pourroit alors manquer d'indulgence pour leurs foiblesses ? Dans les pre-

------

(1) Cic. *de Legibus.*

(2) Ælien, l. *6. ut lamentatio minueretur.* Les Spartiates furent traités d'inhumains, parce qu'ils obligerent les Messéniennes prises à la guerre, d'y assister. On s'étendra davantage dans le chapitre du deuil.

(3) Synesius epis. 3. S. Chrysost. l. 3 dit : *Novit enim ingeniosus serpens ille, vel per bona suum ipsius virus disseminare ; ac ideò oportet undequacumque tanquam muro circumseptam esse virginem, ac toto anno perrarò domo egredi ; idque demum cum inexcusabiles & necessariæ urgebunt causæ.*

miers tems de la société, la bourgade en chœur
fait souvent ces éloges, & cette cacophonie ne
laisse pas d'être intéressante. Chez les Negres,
les femmes & les jeunes filles seules remplissent
quelquefois les fonctions d'orateurs, comme si on
avoit jugé qu'elles loueront le défunt d'une maniere plus sensible.

On passe sur les formes qu'a pris le même
usage chez les peuples polis (1). On ne parlera
que des Egyptiens, parce qu'ils tiennent plus
particulierement au plan de cet Ouvrage, &
qu'ils ressemblent peu aux autres nations. Quarante juges montoient sur un tribunal ; on amenoit le mort à leurs pieds, & la loi permettoit à
tout le monde de porter des plaintes contre lui ;
on le privoit de la sépulture, s'il y avoit des ac-
cusations graves : si personne n'en formoit, ou
si on les reconnoissoit pour des calomnies, les
parens quittoient le deuil, & louoient eux-mêmes
le défunt ; l'assemblée applaudissoit à l'oraison
funébre par de nouveaux éloges (2).

Lorsqu'on a déposé le corps au lieu de la sépulture, le moment où il faut s'en séparer est

---

(1) On peut voir l'Ouvrage éloquent de M. Thomas,
sur les éloges.

(2) Diod. de Sic. l. 1. sect. 2.

touchant, & tous les peuples l'ont bien senti :
les uns l'embrassent pour la derniere fois ; d'autres fondent en larmes sur le cercueil, sans pouvoir le quitter. Dans quelques cantons de la Guinée, on couvre le mort d'un appentis, élevé de
deux ou trois pieds : chaque personne du convoi
va se traîner sous cet hangard, & y faire ses
derniers adieux (1).

A Asem, les parens & les amis du défunt
tirent leurs brasselets & les anneaux qu'ils portent aux jambes ; les jettent dans le tombeau
comme un témoignage d'attachement (2) : &
autrefois on y laissoit quelques-uns de ses cheveux (3).

On imagina différentes manieres de faire ces
adieux au défunt, ou de montrer dans la suite
qu'on se souvenoit de lui. Au nord de l'Angleterre, un étranger passe rarement près d'un tombeau, sans y jetter une pierre : quand les montagnards de l'Ecosse demandent une grace à leurs
maîtres ; ils finissent leurs placets par ces mots :
& le suppliant ajoutera une pierre à votre tombeau.

---

(1) Coll. de Bry, petits voyages.

(2) Rel. de Tavernier.

(3) Voyez Ovide, Stace, Pétrone, Sophocle, Euripide, &c.

Aux isles Hébrides, les cimetieres sont des amas de cailloux proportionnés au rang & à la qualité des personnes (1).

Bientôt les gens riches ne souffrirent pas que leurs obseques ressemblassent à celles des pauvres ; & l'on s'embarrassa moins de donner aux morts des marques de piété, que de satisfaire la vanité de la famille. Des peuples sacrifient alors une partie de leur fortune. Les pauvres insulaires de Mindanao emploient tout ce qu'ils ont pour vêtir un mort d'habits neufs, & lui faire de belles funérailles : on plante des arbres & des fleurs autour du sépulcre ; on y brûle des parfums ; & si c'est un chef, on suspend des étendards blancs aux quatre côtés (2).

Ces prétentions ne pouvoient manquer de devenir ridicules : un grand nombre de chevaux assistoient aux funérailles des personnes de distinction chez plusieurs nations de l'antiquité.

Les Siamois aiment à donner beaucoup d'élévation au bûcher. La Loubere raconte qu'aux obseques d'une reine les échafaudages étoient si hauts, qu'on employa une grosse machine d'Europe, pour y monter la biere. Le bûcher des

_____

(1) *Pennant's Voyage to the Hebrides.*
(2) Voyage de Gemelli Careri.

grands seigneurs & des princes du sang est allumé par le roi : mais le monarque ne sort pas de son palais ; il lâche un flambeau le long d'une corde qui aboutit à ses fenêtres.

Un Siamois parvenu déterre souvent le cadavre de son pere, si on ne lui fit pas à sa mort des funérailles dignes de sa fortune présente ; & il recommence ses obseques (1).

Une loi de la Chine oblige de lier un coq blanc sur le cercueil ; mais on l'enfreint souvent, parce qu'il est difficile de trouver des coqs de cette couleur (2).

Les Chinois attachent une si grande importance à la maniere dont on les enterrera, que souvent ils se procurent une biere vingt ans avant leur mort : on célébre , par une fête, l'heureux jour où on l'apporte dans sa maison ; on l'expose en public des années entieres , & l'on prend plaisir à s'y placer. L'empereur a aussi la sienne. On a vu des enfans se louer, ou se vendre , afin d'acheter un cercueil à leur pere ; & les pauvres ne cessent de travailler , jusqu'à ce qu'ils en ayent un. Toutes les bieres sont enduites à l'intérieur de bitume & de poix , & vernies avec

____

(1) Rel. de la Loubere & de Tachard.
(2) Voyage de Gemelli Careri.

foin au-dehors : on y met un petit matelas, une couverture, des oreillers, du charbon, de petits guichets pour les lampes, des ciseaux pour se couper les ongles (1), &c.

Il y eut des pays où l'on réprima sagement ce luxe : ainsi Solon défendit à Rome les sépulcres qui ne pourroient pas être faits en trois jours par dix ouvriers (2).

Le croiroit-on ? on exigea des contributions pour enterrer les morts, & on refusa la sépulture si l'on ne pouvoit pas payer ce droit. En quelques pays de l'Inde, on expose le corps des pauvres au milieu de la rue, afin d'implorer la charité des passans jusqu'à ce qu'on ait la somme qu'il faut.

En 1440, le cimetiere des Saints Innocens fut fermé pendant quatre mois, parce que l'évêque de Paris vouloit trop d'argent pour ses droits : il excommunioit même ceux qu'on enterroit sans payer.

Dans la suite, on obligea les mourans à faire des dons à l'église. Au seizieme siecle, les curés de Paris n'enterroient point un homme, qui ne léguoit pas quelque chose au clergé (3). Une

---

(1) Rel. de Navarette & Duhalde.
(2) Cic. *de Legibus*, *lib.* 2.
(3) Fievret, Traité de l'abus.

peste survint : les malades ne pensoient gueres à
tester ; un grand nombre de cadavres resterent
plusieurs jours sans sépulture ; comme ils ache-
voient d'infecter l'air, on la leur accorda, *sans
tirer à conséquence.*

A la fin des obseques, des peuples barbares
croyent avoir contracté quelque souillure, & ils
se purifient. Les Negres font encore ici des farces. Les femmes de la Côte d'Or se rendent aux
bords de la mer, ou à la riviere la plus voisine ;
elles y entrent jusqu'au nombril, & se jettant de
l'eau au visage, elles se lavent mutuellement,
tandis que le reste du cortége joue des morceaux
de musique : l'une de ces femmes va prendre la
veuve du défunt, s'il en a une, l'amene dans
l'eau, la renverse sur le dos, & lui lave toutes
les parties du corps (1).

---

(1) Prevôt, t. 4.

CHAPITRE II.

Sépultures. Manieres d'enterrer.

SOIT qu'on regrette la personne qui vient de mourir, soit qu'on ait peu d'attachement pour elle, les manieres d'enterrer qu'on imagine dans les premiers tems, annoncent de la tendreſſe, & l'on oublie tout alors pour ſuivre la voix de la nature.

La mort adoucit les caractères les plus ſauvages, & laiſſe dans l'ame une impreſſion de mélancolie qui ſe manifeſte par des uſages touchans : les ſépultures & les cérémonies funéraires ſont encore plus intéreſſantes chez les peuples barbares, qu'au milieu des nations polies. La ſuperſtition ne tarde pas à s'en mêler, mais la ſuperſtition n'a rien ici que d'humain.

Aucune conſidération factice n'affoiblit le ſentiment qu'éprouvent les Sauvages, & ils s'y livrent ſans réſerve. L'indépendance & la poſition où ils ſe trouvent leur permet de faire des cadavres ce qu'ils veulent, & la puanteur ne rallentit pas leur zèle. Chacun diſpoſe à ſa maniere du corps de ſa femme, de ſon pere ou de ſes en-

sans, & l'infection n'étant pas beaucoup à craindre parmi ces bourgades peu nombreuses, on
invente toutes sortes de sépultures ; on adopte
insensiblement celle qui convient davantage, &
il s'établit une coutume générale.

L'habitude détruit bientôt la sensibilité ; on
suit l'usage par routine, & le sauvage qui conserve le corps de son pere dans sa cabane, s'accoutume à le voir sans émotion ; mais on ne cherche ici que l'esprit des coutumes, & il importe
peu qu'on l'ait oublié.

Les insulaires de Formose ne peuvent se séparer si-tôt de leurs morts ; ils les placent dans
leur maison sur un petit échafaud ; ils allument
du feu pour les sécher, ce qui cause une grande
puanteur. Le neuvieme jour, on les enveloppe
de nattes, & après les avoir mis sur un autre
échafaud plus élevé, on les entoure d'étoffes. On
garde ainsi le corps trois ans, & on enterre ensuite le squelette (1).

Les habitans de la Corée ne les enterrent
qu'après le même espace de tems (2).

Les Indiens de la Cayenne enterrent un vieil-
lard au milieu du carbet où il a vécu : lorsque

---

(1) Rel. de l'isle Formose, par Candidius.
(2) Duhalde.

le cadavre est pourri , les habitans des huttes voisines s'assemblent ; on déterre les os ; on les brûle, & on en garde la cendre pour la boire dans une fête (1).

La sensibilité des Iroquois paroît encore plus active : si l'un d'eux meurt à la chasse pendant l'hyver , ils le suspendent à des arbres pour le faire geler ; & ils vont l'enterrer le printems à coté de sa cabane : ils visitent souvent les cadavres ; ils les chargent de peintures , lorsqu'ils sont à demi pourris ; ils leur donnent de nouveaux habits, & ils raccommodent la fosse (2).

Les Ethiopiens imaginerent un raffinement qui leur fait honneur ; après avoir séché les corps , ils les enduisoient d'une couche de plâtre blanc , sur laquelle ils traçoient grossierement l'image du défunt , & ils les renfermoient ensuite dans une caisse transparente (3) , afin d'avoir toujours ces traits sous les yeux.

Il est impossible de conserver les corps près de soi, dès que la peuplade a pris de l'accroisse-

---

(1) Voyage de Froger.

(2) Voyage de la Potherie.

(3) Hérod. l. 2. & Diod. de Sic. l. 3. Les uns disent que cette caisse étoit de crystal, & d'autres *de verre* ; mais il est probable qu'alors on ne connoissoit pas le verre.

ment. On y subſtitue un uſage plus ſimple ; on en garde quelque partie, & la ſenſibilité commence à perdre ſa délicateſſe pour devenir groſ-ſiere. Pluſieurs Sauvages arrachent les dents d'un mort ; ils lui coupent les ongles ou un doigt, & ils les portent ſoigneuſement avec eux.

Si un Madagaſcarien meurt chez l'étranger ou à la guerre, on lui coupe la tête qu'on envoie à ſes parens (1).

Les Eſſedons façonnoient en forme de coupe les crânes de leur pere, & ils s'en ſervoient en-ſuite dans les repas (2).

Ce fut par ce motif que les Samoyedes-Soegtſies porterent d'abord ſur eux les oſſemens de leurs ancêtres ; on perdit enſuite de vue l'ori-gine de cet uſage, & maintenant ils s'en ſervent dans leurs enchantemens.

Ce même uſage reprend ſa premiere délica-teſſe parmi les grandes nations. Si un Chinois meurt à Bantam, on brûle ſon corps, & on en-voie ſes cendres à ſes amis. Les peuples de l'an-tiquité donnoient aux morts les mêmes témoi-gnages d'attachement, & chacun ſait quel ſoin ils avoient des urnes funéraires.

---

(1) *Drury's hiſtory Flacourt.*
(2) Hiſt. anc. des peuples de l'Europe, t. 3.

Il se forma sur les bords du Nil un peuple mélancolique, dont on a parlé souvent : quoique sa civilisation fût très-avancée, il voulut conserver les corps, suivant l'usage des premiers tems, & se repaître de ce spectacle ; mais comme tant de cadavres auroient infecté le pays, on perfectionna l'art d'embaumer, & on imagina les momies. Cette coutume, loin de nourrir la sensibilité des Egyptiens, les attristoit peut-être sans les émouvoir (1).

Les officiers, chargés de l'arrangement des momies, formoient un grand corps : les uns (2) désignoient, sur le côté gauche du mort, le morceau de chair qu'il falloit couper ; le *coupeur* (3) l'enlevoit ensuite avec une pierre d'Ethiopie : les *saleurs* introduisoient leur main dans le corps, & ils en tiroient les visceres, excepté le cœur & les reins ; un autre les lavoit avec du vin de palmier & des liqueurs odoriférantes. En oignant

------

(1) On peut voir ce qu'on a dit plus haut du caractère & des mœurs des Egyptiens.

(2) Ceux-là s'appelloient les *écrivains*.

(3) Par une étrange contradiction le *coupeur* étoit obligé de s'enfuir aussi-tôt, parce qu'on le poursuivoit à coups de pierres, & il encouroit la malédiction publique ; car ils détestoient un homme qui fait une blessure à un corps de la même nature que le sien.

le

le corps, pendant trente jours, de gomme, de cédre, de myrrhe, de cinnamome, & d'autres parfums, ils lui rendoient sa premiere forme : les poils, les sourcils & les paupieres sembloient se ranimer, & on retrouvoit les anciens traits du visage.

Les Egyptiens riches gardoient dans leurs maisons tous leurs ancêtres ainsi conservés ; les pauvres laissoient les cercueils à côté de leur lit, & d'autres les déposoient dans un tombeau, où ils alloient les voir de tems en tems. Un fils plaçoit, près de lui, le corps de son pere, que ses crimes ou ses dettes avoient privé de la sépulture ; & s'il venoit à bout de justifier sa mémoire, ou de satisfaire les créanciers, il l'enterroit honorablement. On donnoit les corps de ses parens pour sûreté d'une dette que l'on contractoit, & ceux qui ne les retiroient pas étoient déclarés infâmes (1).

Toutes ces marques de tendresse & d'amour parurent insuffisantes à d'autres peuples ; ils voulurent ensevelir les morts dans leur propre sein.

Les insulaires des Marianes désossent les cadavres ; après en avoir brûlé la chair, ils avalent

____

(1) Diod. de Sic. l. 1. sect. 2.

la cendre dans du vin de cocos (1), & quelquefois ils sucent en outre la cervelle ; ils arment des lances avec les os (2).

Les Callaties, peuple de l'Inde, se nourrissoient de la chair de leurs parens, & lorsque Darius leur conseilla de les brûler, ils se récrierent contre cette proposition *qui leur sit horreur* (3).

Cet usage, saint en lui-même, fut bientôt accompagné de quelque affreuse cérémonie. Dès qu'un pere de famille mouroit chez les Issedons (4), on amenoit des moutons & des bœufs; on les coupoit en morceaux, ainsi que le cadavre ; on mêloit ensemble les chairs, & on les mangeoit dans un festin.

Si l'on en croit Marco Polo, les Tartares du Dragoyan appellent les sorciers auprès d'un malade, & ils l'étranglent, s'ils disent qu'il doit mourir ; ils coupent le cadavre en pieces, & ils le mangent sur le champ.

La sensibilité diminue à mesure que la peu-

---

(1) Voyage de Mindana.

(2) *Churchill's Coll. of Voyages*, t. 4.

(3) Hérod.

(4) *Ibid.* Les Issedons étoient un peuple voisin des Scythes.

plade se multiplie ; la nécessité force d'oublier, pour ainsi dire, ses proches, & l'on n'a plus un grand soin que des chefs. Des Indiens de l'Amérique septentrionale, & en particulier les habitans de la Virginie, conservoient ainsi leurs caciques : ils fendoient la peau le long du dos, & l'enlevoient adroitement sans la déchirer ; comme ils décharnoient ensuite les os sans toucher les nerfs, la charpente demeuroit entiere : après avoir séché les os au soleil, ils les remettoient dans la peau, qu'ils préservoient de la corruption, & qu'ils tenoient humide avec de l'huile : on remplissoit de sable fin les intervalles ; on recousoit la peau, & on portoit, au lieu de la sépulture, le corps préparé de cette maniere. Lorsque la chair étoit entierement seche, on la mettoit aux pieds du cadavre dans un panier, & des prêtres gardoient le tombeau (1).

Les Indiens des bords de l'Orenoque laissent pourrir les cadavres de leurs chefs, & dès que les chairs sont consumés, ils ornent le squelette de joyaux & de plumes de diverses couleurs, & ils le suspendent dans une cabane (2).

---

(1) Rel. de la Virginie, & Lafiteau.
(2) Voyage de Raleigh.

Les insulaires des Canaries plaçoient les cadavres de leurs chefs debout dans une grande caverne , & on leur mettoit un sceptre à la main (1), &c. Duret dit qu'il en a vu trois cents, dont la peau étoit seche comme du parchemin.

Quant aux hommes vulgaires , on est embarrassé de cette multitude de cadavres qui empoisonnent la contrée : il paroît que l'esprit des peuples a fait de longues recherches sur la maniere dont on pourroit s'en débarrasser ; mais malheureusement leurs découvertes , relatives à un pays particulier, ne sont d'aucune utilité pour le reste de la terre.

Maniere de disposer des morts, qui ne conviennent qu'à de petites peuplades. La nature du climat , la position & l'étendue du pays , ainsi que beaucoup d'autres circonstances , influent sur les sépultures ; & il y en a un grand nombre qui ne conviennent qu'à de petites peuplades.

Les Troglodites replioient la tête d'un mort entre ses jambes , & ils le lioient avec des branches d'aube-épine : on exposoit le corps sur une colline , & on lui jettoit des pierres *en riant ,* jusqu'à ce qu'on ne le vît plus (2).

---

(1) Voyage de Nichols.
(2) Diod. de Sic. l. 3. ch. 17.

Les Hottentots replient auſſi les jambes vers la tête ; & après l'avoir enveloppé de peaux comme un fœtus, ils le traînent dans des fentes de rocher, ou dans des tanieres de bêtes ſauvages (1).

Les Tartares Kiergeſſes choiſiſſent un arbre, auquel on les ſuſpend après leur mort, & les Goths pendoient jadis les corps de leurs princes à des chênes.

Les habitans des iſles du roi George enferment d'abord les cadavres dans des caiſſes ; & ils en tirent enſuite les oſſemens qu'ils attachent à des arbres, avec des noix de cocos & d'autres proviſions (2).

Les Indiens des côtes du Chili n'enterrent point leurs morts ; ils ſe contentent de les placer ſur des échafauds élevés de ſix pieds, en leur donnant l'attitude d'un enfant dans le ventre de ſa mere (3).

Les Otahitiens ſuivent le même uſage ; mais ils enterrent les oſſemens, lorſque les cadavres tombent en pourriture (4).

------

(1) Kolben.
(2) Voyage du Commodore Biron.
(3) Suppl. au Voyage d'Anſon.
(4) Voyage de Cook.

Les anciens habitans de la Colchide couvroient les morts de peaux, & ils les suspendoient en l'air avec des chaînes (1).

Plusieurs Negres & en particulier les Serreres, enterrent les morts dans des huttes rondes, pareilles à leurs propres habitations : ces cabanes sont entourées de roseaux, qu'on enduit de terre détrempée. Les cimetieres ressemblent à un second village, & même ces maisons des morts sont en plus grand nombre que les maisons des vivans (2).

Cependant les cadavres infectoient les vivans, on chercha des moyens de prévenir la corruption; & la tendresse & le respect qu'on avoit pour les morts furent dès-lors subordonnés au besoin : la superstition dénatura dans la suite & corrompit les usages.

Les insulaires de la Taprobane laissoient les morts sur le rivage après le reflux, afin que le

---

(1) Voyez Elien & Apollon. de Rhodes.

(2) Voyage de Brue. La barbarie des Negres est inconcevable, & cette habitude de faire des villages de mort à côté des maisons des vivans, se retrouve sur presque toute la côte. Les grandes peuplades la conservent fort tard, & l'on ne peut douter que l'infection des cadavres n'entretienne l'épidémie qui y regne si souvent.

flot vint les couvrir de fable & leur élever un tombeau (1).

Les Ethiopiens Ictyophages fe contentoient de les expofer au reflux, qui les emportoit en pleine mer (2).

Les Péoniens les jettoient dans des étangs (3).

D'autres peuples eurent de la répugnance à fe féparer des morts pour toujours, & malgré leur embarras & malgré le voifinage de l'Océan, ils n'adopterent point cette fépulture.

Les infulaires des Baléares les mettoient dans des urnes, & ils leur caffoient les membres à coups de maffue, pour les y faire entrer plus aifément; ils les couvroient enfuite d'un grand tas de pierres (4).

Les peuples de Chio les piloient dans un mortier, & jettoient les cendres au vent.

Nos barbares ancêtres inventerent une maniere de difpofer des morts qui eft très - dégoûtante : ils coupoient en morceaux ; ils faifoient bouillir & faloient les cadavres (5). C'eft ainfi

---

(1) Diod. de Sic. l. 2. ch. 31.

(2) *Ibid.*

(3) Traité de l'Opinion, t. 6.

(4) Diod. de Sic. l. 5. ch. 14.

(5) Jean Juvenal des Urfins.

qu'on prépara celui d'Henri V, roi d'Angleterre ; mort à Vincennes en 1422.

Ces expédiens, souvent impossibles, n'étoient pas d'ailleurs sans inconvéniens ; & l'on fit manger les corps par des animaux, afin que leur chair n'infectât point la contrée : ce que cette action a de révoltant & de barbare, n'arrêta pas les peuples ; car, dans la nécessité, ils prennent les partis les plus violens.

Si on l'examine, on découvre aisément les raisons qui les séduisirent ; & l'on n'est point étonné de l'étendue de cette coutume.

Sans citer toutes les nations qui l'ont suivi, on rapportera les principales différences qu'on y apperçoit.

Les Kamtchadales jettent leurs morts aux chiens : comme ils ont oublié l'esprit de cet usage, ils disent que ceux qui sont ainsi dévorés, auront de très-bons chiens dans l'autre monde, & que les esprits malins exigent cette sépulture (1).

Les Hircaniens entretenoient des meutes, qui dévoroient tous les cadavres (2).

------

(1) Hist. du Kamtchatka.
(2) Cic. Tuscul. quæst.

Si l'on en croit des Hiſtoriens, les Médes qui nourriſſoient des chiens de la plus groſſe race, leur livroient un malade, lors même qu'il n'étoit encore qu'à l'agonie : ils avoient honte de mourir dans un lit, ou d'être dépoſé en terre (1).

On a dit au Livre de la guerre, qu'on leur donnoit auſſi à manger les corps des ennemis tués ſur un champ de bataille.

Les Néorites , peuples de l'Inde , abandonnoient le corps aux animaux carnaſſiers : les parens le portoient dans un bois , & après l'avoir mis nud , ils le laiſſoient en proie aux animaux de la forêt (2).

En Perſe , on les plaçoit au haut d'une tour , & ils étoient mangés par les oiſeaux : un prêtre les y dépoſoit , en diſant : » Notre frere , durant ſa vie , étoit compoſée de quatre élémens ; à préſent qu'il eſt mort , que chacun reprenne ce qui lui appartient ; que la terre retourne à la terre , l'air à l'air , l'eau à l'eau , & le feu au

------

(1) Bardeſanes , *apud Euſeb. præpar. Evangel. l. 6.* Malgré la crédulité que doit inſpirer cet Ouvrage , un pareil fait ſemble mal vu & mal préſenté : on les étouffoit peut-être lorſqu'on déſeſpéroit de leur guériſon , & on les jettoit tout de ſuite aux chiens.

(2) Diod. de Sic. l. 17. ch. 57.

feu (1) ; & cet ufage s'eft fi bien confervé , qu'il fubfifte encore aujourd'hui.

Quand un Parfis eft mort, on le porte à la campagne, & on attire un chien vers le corps avec du pain ; fi l'animal monte deffus, & lui arrache ce morceau de pain de la bouche, c'eft une marque affurée du bonheur du défunt ; mais fi le chien n'en approche pas, on défefpere de fa félicité : on livre enfuite le corps aux vautours, & on va voir lequel des yeux ils mangent le premier, pour en conjecturer de nouveau s'il eft heureux (2).

En d'autres cantons de la Perfe, les cimetieres reffemblent aux nôtres : on fait une foffe, & on éleve au-deffus une grille : on y place le mort ; il fert de pâture aux oifeaux de proie, & les os tombent d'eux-mêmes dans la foffe (3).

Toutes ces manieres de difpofer des morts n'étoient pas fans inconvéniens ; enfin, on les brûla.

La plupart des nations de l'antiquité (4)

---

(1) *Lord's Rel. of the Perfées.* Hyde, *de Rel. veter. Perf.*

(2) Voyage d'Ovington , t. 2.

(3) Voyage de Mandeflo.

(4) Il faut remarquer qu'on enterroit les enfans qui n'avoient pas quarante jours, & ailleurs on ne les brûloit que lorfqu'ils avoient des dents. Pline, l. 7. ch. 16.

adopterent cette coutume, & il y a dix-neuf cents ans qu'on la fuivoit dans les Gaules & dans la plus grande partie de l'Europe ; il a fallu l'abolir, parce que les arts, la population, les défrichemens & le luxe, ont déraciné les forêts, & il n'y a plus affez de bois.

Des nations de l'Orient, & en particulier les tartares Mongols, les habitans du Malabar & quelques Siamois, les brûlent encore : à Ceylan, on n'accorde cet honneur qu'aux perfonnes de qualité (1).

Cette maniere de difpofer des morts eft, fans doute, préférable aux autres, quoiqu'elle répugne d'abord à la fenfibilité ; cependant il n'eft pas poffible de l'employer par-tout.

L'enterrement eft la méthode la plus naturelle & la plus fimple, & c'eft auffi la plus commune : mais dans les grandes nations & dans les grandes villes, cette multitude de morts entaffés infecte l'air & engendre des épidémies, & l'on cherche à diminuer ces funeftes effets.

Les Babyloniens enterroient les corps dans du miel & de la cire (2). A Siam, pour que les

---

(1) Rel. de Knox.
(2) Hérod. l. 1. Strabon, I, 16.

inteſtins n'exhalent pas une odeur infecte, on les conſume avec du mercure qu'on verſe dans la bouche (1). Les Indiens de l'iſle Eſpagnole (2) vuidoient ſoigneuſement le corps & le ſéchoient au feu.

Platon nous a conſervé une loi d'Egypte, qui défendoit d'enterrer par-tout où un arbre pouvoit croître.

En voici une autre de Théodoric : » Celui qui enterrera dans la ville de Rome, ſera dépouillé de la quatrieme partie de ſes biens, s'il en a; & s'il n'en a point, il ſera battu de verges & chaſſé (3).

Ces ſépultures varient ſuivant les différens lieux, & l'on ſait quelle doit être l'influence de la ſuperſtition.

Des ſauvages de l'Amérique ſeptentrionale croyent que les hommes ont deux ames : l'une va ſe transformer en tourterelle dans un autre pays ; la ſeconde ne quitte jamais les corps, & ne ſort de l'un que pour entrer dans un autre : ils enterrent les petits enfans ſur

---

(1) Rel. de Tachard.
(2) Hiſt. de Saint Domingue.
(3) Ch. 3. *Theod. regis eaicti in Codice legum anti-quarum.*

le bord des grands chemins, afin que les femmes en paſſant recueillent leurs ames, qui n'ont pas joui long-tems de la vie, & qui ſont empreſſées d'en recommencer une nouvelle (1).

Au Chaco, on enterre les morts au lieu même où ils expirent ; on place un javelot ſur la foſſe, & on y attache le crâne d'un ennemi & ſur-tout d'un Eſpagnol : on ne paſſe plus dans cet endroit, juſqu'à ce que le mort ſoit entierement oublié (2).

A Ceylan, les morts de baſſe extraction ſont jettés dans des creux au milieu des bois (3).

Les Coréſiens ne les enterrent que pendant le printems & l'automne ; on dépoſe ſous une hutte de chaume ceux qui meurent en été & en hyver, pour attendre le tems de la ſépulture (4).

Parmi les Negres, les uns les placent nuds dans la foſſe (5) ; les autres ramenent les talons ſous les feſſes , de ſorte que le cadavre reſſemble à une boule (6). Les bieres , aux

---

(1) Voyages de l'Eſcarbot & de Champlain.
(2) Hiſt. du Paraguay.
(3) Rel. de Knox.
(4) Rel. d'Hamel.
(5) Prevôt, t. 3.
(6) Voyage de Loyer.

environs du Cap des Trois pointes, n'ont que quatre pieds de long : on plie le corps en deux, & souvent on lui coupe la tête (1). Au royaume de Golconde, on ensevelit les morts les jambes croisées, dans la posture où ils s'asseyent (2).

Les Danois déposoient autrefois, dans la calle des vaisseaux, les hommes qui se distinguoient par de grandes actions.

Le peuple du Pégu fait les funérailles d'un Talapoin ; il brûle son corps & jette ses cendres dans la riviere : on enterre ses os au pied de l'arbre sous lequel il se couchoit pendant sa vie (3).

Les Chinois de Batavia n'enterrent jamais deux cadavres dans le même endroit ; & les cimetieres des environs de cette ville occupent un espace immense : comme ils craignent que les cendres ne se mêlent avec la terre, ils entourent le corps d'une biere formée d'un tronc d'arbre, creusé comme un canot, & ils enduisent l'extérieur d'une couche d'un mortier, appellé *Chinam*, qui devient aussi dur que de la pierre (4).

---

(1) Barbot.
(2) Rel. de Metholde.
(3) Voyage de Sheldon.
(4) Voyage de Cook.

L'infection cependant n'épouvanta pas des républicains. Lycurgue ordonna, par une loi, d'enterrer les cadavres dans la ville de Lacédémone ; il vouloit accoutumer les Spartiates à honorer les défunts, & à ne pas craindre la mort (1).

Un oracle prédit aux Tarentins que la république deviendroit plus florissante, *si unà cum pluribus habitarent* ; & ils en conclurent qu'il ne falloit point sortir les morts de la ville (2).

Comme les prêtres percevoient un droit sur les sépultures, on imagina d'enterrer dans les églises les personnes riches. La vanité dédaignoit encore le vulgaire après la mort ; & pour n'être pas confondu dans les cimetieres du peuple, on paya cherement le droit d'infecter les temples. Enfin, la piété elle-même concourut à cet abus : on pensa que les morts seroient plus soulagés par les prieres des vivans, & les vivans eurent plus de consolation d'aller, au pied des autels, pleurer sur la tombe des morts.

Les églises furent bientôt des cloaques infects ; & cet abus est difficile à déraciner, parce que les

---

(1) Plutarque.
(2) P. Victor, I. 2, Var. Lect.

préjugés le lient à la religion. Le Danemarck, la Russie & le Milanès ont déjà défendu d'enterrer dans les villes : en 1765, le Parlement de Paris fit inutilement la même défense : un sage archevêque vient d'interdire ces sépultures à son diocèse ; sa prohibition a d'abord rencontré beaucoup d'obstacles, mais on espere que tout le royaume imitera bientôt son exemple.

Tel est l'ordre des sociétés, que la sensibilité & l'attachement s'opposent aux meilleurs projets : il seroit utile de reléguer les morts dans des cantons éloignés des villes & des villages, & même de les traîner à la mer ; mais il faut des précautions pour les arracher à la tendresse qui s'en empare.

Il sera toujours difficile de tirer du milieu de la foule les corps qui meurent & s'y pourrissent journellement. Parmi les différentes manieres d'enterrer qu'on vient de voir, il n'y en a point qui nous convienne mieux que celle que l'on suit : il suffiroit de la perfectionner & de concentrer dans la terre les exhalaisons putrides des cadavres, & il ne seroit peut-être pas difficile d'imaginer un ciment ou mortier qui produiroit cet effet (1).

---

(1) Tel que celui des Chinois de Batavia.

Ce

Ce chapitre ne renferme que les manieres générales de difposer des morts ; il y en a de particulieres dont on ne parle point. Ainfi Myceris, roi d'Egypte, fit conftruire en bois doré une vache dont l'intérieur étoit creux, & il y mit le corps de fa fille qu'il aimoit tendrement (1); & les foldats d'Alaric détournerent un fleuve fur le tombeau de ce prince, afin de le dérober à la vengeance des Romains.

-----

(1) Hérodote.

CHAPITRE III.

Deuil. Manieres de le porter ; pleureurs, pleureuses, &c.

LES Sauvages se livrent aux derniers transports de la douleur; ils se mutilent ; ils se font des blessures ; &, après ces momens de ferveur, ils ne manqueroient pas de s'en repentir, si cette folie ne devenoit un usage.

Ces extravagances inspirent encore de l'intérêt. Une femme veut donner à son mari des preuves d'attachement, elle affronte la douleur; elle se mutile ; elle verse son sang, & en blâmant son erreur, il faut admirer son zèle.

L'affectation de se déchirer le corps, n'annonce pas toujours de la sensibilité & de la douleur, & souvent elle ne prouve que la férocité. L'ame des barbares est rarement émue ; elle est dure & fermée au sentiment; & leurs démonstrations de tendresse n'en sont que plus exagérées. On peut voir au Livre septieme, combien de peuples se coupent alors les doigts.

Les Otahitiens en deuil, & sur-tout les femmes, s'enfoncent à plusieurs reprises la dent d'un goulu de mer dans la tête ; ils reçoivent leur sang sur des morceaux d'étoffes qu'ils jettent auprès de la biere ; & ils recommencent tout-à-coup ces blessures long-tems après que le deuil est fini (1).

Les Zélandois ont de larges cicatrices sur les bras, les cuisses, la poitrine & les joues ; & à peine, dit le Capitaine Cook, en trouve-t-on un seul de l'un ou de l'autre sexe, qui ne porte ces vestiges de douleur (2). Les insulaires d'Amsterdam se coupent des morceaux de chair sur les joues (3).

Les progrès de la société détruisent ordinairement ces coutumes, mais des peuples guerriers les conservent par politique & d'autres par préjugés. On rend des honneurs funebres aux Negres de Bissao qui périssent dans les combats, & des femmes s'arrachent les cheveux au son du tambour, & se déchirent la peau (4). A la mort d'Attila, les Huns couperent la moitié de leurs cheveux, & tirerent du sang de leur visage,

---

(1) Voyage de Cook.
(2) *Ibid.*
(3) Second Voyage de Cook.
(4) Voyage de Brue.

afin de mieux honorer un guerrier fameux par tant de victoires (1).

Lorsqu'on porte un Circassien en terre , ses parens hurlent d'une maniere épouvantable ; ils se coupent le visage & d'autres parties du corps avec des cailloux tranchans.

Solon ne défendit aux Athéniens de s'égratigner le visage qu'aux enterremens des morts qui ne seroient pas leurs parens (2).

Ces marques d'affliction sont trop violentes pour être durables ; & les hommes foibles ou dégoûtés des mutilations & des blessures , imaginent d'autres amputations ; car il faut bien témoigner sa douleur par quelque chose d'extraordinaire.

Les insulaires de Mindanao se rasent la barbe & les sourcils dans les tems de deuil (3).

Les Géorgiens qui respectent leur barbe, comme tous les Musulmans, font le même sacrifice.

Les Tonquinois se coupent les cheveux jusqu'aux épaules , & les Athéniens, vaincus par les

---

(1) Hist. anc. des peuples de l'Europe.

(2) Plut. *in vitâ Solon*. Cic. *de Legibus*.

(3) Gemelli Carreri. Plusieurs autres peuples suivent cet usage.

Spartiates, ne permirent aux sujets de la république de nourrir les leurs qu'après avoir effacé la honte de cette défaite (1).

On remarque de la diversité dans cet usage , & on coupe, ou on laisse croître les cheveux , suivant qu'on les porte , ou qu'on ne les porte pas dans un autre tems : car Hérodote cite des nations qui ne coupoient ni leur barbe, ni leurs cheveux en signe de deuil ; & après la mort de Jean II, roi de Portugal, on ne porta que des habits de bure, & l'on ne put se raser à Lisbonne pendant six mois.

Les Spartiates , qui portoient les cheveux courts, les laisserent croître en signe de joie, après la victoire dont on a parlé tout à l'heure (2).

Quelques Grecs suivoient une autre coutume , dont le scholiaste d'Euripide nous apprend la raison. Les hommes , en deuil , nourrissoient leur chevelure, & les femmes la rasoient. Une armée Athénienne fut massacrée à Ægine , & il n'en resta qu'un soldat qui vint annoncer cette triste nouvelle : les femmes de désespoir

----

(1) Hérodote, l. 1.

(2) C'est d'après l'un de ces principes qu'on rasoit à Rome les esclaves qu'on affranchissoit.

X iij

le tuerent avec les épingles de leurs cheveux;
& un décret du fénat leur défendit de porter à
l'avenir des épingles & des cheveux pendant le
deuil.

Il paroît cependant que les hommes jouif-
foient de leur autorité, & qu'ils facrifioient la
chevelure des femmes pour conferver la leur.
Suétone (1) rapporte qu'à la mort de Germa-
nicus, de petits rois tributaires raferent la tête
de leurs femmes, afin de montrer une plus grande
douleur.

Il fut impoffible de s'arrêter : Des peuples,
& entr'autres les Perfes, à la mort de Mafiftius
leur général (2), couperent les crins des chevaux. Alexandre l'ordonna, par un édit, à la mort
d'Epheftion; & même les Grecs, dans les deuils
folemnels, tondoient plufieurs efpèces d'animaux, afin que tout portât l'empreinte de la
douleur (3).

Bientôt on porta le deuil des animaux, comme celui des hommes, & on fe rafa : on parle
ailleurs des obfeques qu'on fait à des chevaux.

---

(1) Dans la vie de Caligula.
(2) Plut.
(3) *Archæologia græca*, l. 4. cap. 5.

Les Egyptiens se rasoient à la mort du bœuf Apis (1), & la famille où il mouroit un chat, se rasoit tout le corps, sans en excepter les sourcils (2). Crassus ne rougit point de s'habiller en noir, & de pleurer une murene qui mourut dans son vivier (3).

Peu-à peu la douleur devient raisonnable, ou du moins elle n'a plus rien de cruel. Des sauvages se contentent de se mettre nuds & de pousser des sanglots.

A la mort d'un grand de Juida, son fils passe communément un an sans approcher de la maison qu'il habitoit ; &, pendant cet intervalle, il n'a pour vêtement qu'un pagne de natte (4). Les Mingréliens en deuil ôtent leurs habits, & ils sont nuds jusqu'à la ceinture.

Les Syriens se cachoient plusieurs jours dans des antres ou des lieux obscurs, pour y pleurer sans être interrompu.

En Egypte, on se couvroit la tête & le visage de boue ; & afin de donner à tout un appareil lugubre, s'il survenoit à Carthage une

---

(1) Plut. & Pline, l. 8.
(2) Diod. de Sic. l. 1.
(3) Macrob. l. 3. Saturn. cap. 15.
(4) Voyage de Desmarchais.

X iv

calamité publique, on tendoit en noir les murs
de la ville (1).

Il sembla qu'on dut oublier jusqu'aux besoins
du corps. Dans le pays de Quojas, on jeûne
dix jours à la mort d'un simple particulier, &
trente pour le roi, ou pour un grand de l'état :
on jure de ne point manger de riz pendant cet
espace de tems, de ne pas boire plus de liqueur
que n'en contient un *petit vase, qu'on a soin
de montrer,* & de ne pas approcher des femmes (2).

Les extravagances naquirent en foule. Les Juifs
montoient sur les toits des maisons, pour donner un plus libre essor à leur douleur (3).

Une Ostiake, qui a perdu son mari, taille
promptement une idole qu'elle habille des vêtemens du défunt : elle la couche une année entiere avec elle, & la place le jour devant ses
yeux, afin de s'exciter à pleurer. Quand le
deuil est fini, l'idole est reléguée dans un coin,
jusqu'à ce qu'on en ait besoin pour une autre
cérémonie (4).

---

(1) Hendreich.
(2) Prevôt, t. 3.
(3) Isaïe, chap. 22.
(4) Rel. de Muller.

Chez presque tous les peuples policés ou sauvages, on employe des pleureurs à gages, & surtout des femmes ; & cet usage, ridicule en lui-même, répand un air de deuil sur le convoi, & nourrit la douleur.

Les féroces insulaires des Larrons louent dans les funérailles beaucoup de pleureuses (1).

En plusieurs cantons de l'Afrique, & sur-tout chez les Geres, les femmes du voisinage s'assemblent dans la maison du mort, & si le nombre n'est pas assez grand, on en prend d'autres à gages : elles poussent des gémissemens & des soupirs en cadence, & elles versent des larmes : on leur sert par intervalles de l'eau-de-vie & du vin de palmier, & elles recommencent leurs simagrées, dès qu'il survient quelqu'un (2).

Ces simagrées s'accroissent à mesure que la sensibilité diminue, & il y a des grandes nations où la police se mêle du deuil.

A la mort d'un Coréen, ses fils portent le deuil pendant trois ans ; ils ne peuvent alors exercer aucun emploi, & on les oblige d'abandonner leur charge. La loi ne permet pas de

---

(1) Voyage de Mindana.
(2) Voyage de Brue.

coucher avec fa femme, & les enfans qui naif-
foient font déclarés bâtards : ils font revêtus
d'un cilice & d'une longue robe de chanvre,
& ils entourent leurs chapeaux d'une corde, au
lieu de crêpe ; ils ne fortent pas fans bâton, &
comme ils ne fe lavent point, on les prendroit
pour des mulâtres (1).

Au Tonquin, le fils aîné porte trois ans &
trois mois le deuil de fon pere : il n'a qu'un
habit couleur de cendre & un bonnet de paille ;
il n'habite point fon logement ordinaire, & il
couche à terre fur des nattes. L'abftinence qu'on
lui impofe eft rigoureufe, & s'il manquoit à
ces lois féveres, on le priveroit de la fuccef-
fion (2).

On abdique auffi fes charges à la Chine, &
on châtie rigoureufement les époux, fi la femme
devient enceinte pendant le deuil, qui eft de trois
ans (3).

L'homme fe laffe de gémir ou de pleurer, &
il eft naturellement joyeux & ferein : la douleur
s'affoiblit d'ailleurs d'elle-même ; la raifon vient

____

(1) Rel. d'Hamel.
(2) Rel. de Baron.
(3) Voyage de Navarette & Duhalde.

la calmer, & l'on tâche d'oublier les pertes que l'on a faites.

Chez les Eskimaux, les meres ne pleurent leurs enfans que vingt jours ; les voisins envoyent ensuite un présent au pere, qui donne un festin (1).

Quelques Indiens de l'Amérique septentrionale écartoient de leurs yeux tout ce qui avoit servi à l'usage du mort : ils s'abstenoient de prononcer son nom, & ceux qui s'appelloient de la même maniere en prenoient un autre ; c'étoit un outrage de dire à ces Sauvages, *ton pere est mort ;* un mari ne pleuroit jamais sa femme, *parce que les larmes ne conviennent point aux hommes* (2).

La douleur détache de la terre & donne de l'indifférence pour ce qui se passe dans le monde : ces dispositions ne conviennent point aux chefs des états ; on essaye d'éteindre la sensibilité, & l'on punit ceux qui ne veulent pas s'endurcir.

Voici tout le deuil des Algériens : on n'allume pas de feu dans la maison du mort durant trois jours ; les femmes se couvrent une semaine d'un

----

(1) Hist. de la nouvelle France.
(2) Lafiteau.

voile noir, & les hommes ne se rasent point pendant un mois (1).

Lycurgue défendit les pleurs & les gémissemens dans les funérailles ; comme il vouloit forcer les Spartiates à la constance, il établit une peine sévere contre celui qui poussoit un cri en public ; il fixa la durée du deuil à onze jours, & le douzieme, on reprenoit les habits ordinaires.

Un législateur des Lyciens ordonna de se vétir d'habits de femmes, si l'on vouloit pleurer ou porter le deuil ; il croyoit que l'affliction ne convient qu'à des caractères efféminés (2) : son peuple, en effet, ainsi que celui de Coos, ne témoignoit sa douleur dans les funérailles que par des festins (3).

Numa borna à dix mois le terme du plus long deuil, & il défendit de pleurer les enfans qui mouroient avant trois ans (4).

Les Albaniens perfectionnerent cette politique ; c'étoit un *crime* de prendre soin des morts, ou même d'en parler (5).

---

(1) Voyages de Shaw, t. I. Tassy, l. 2. ch. 5. Marmol, Dapper.

(2) Plut. *Consol. ad Apollonium.* Meursius, *de Funere.*

(3) Heraclides, *in Ponticis.*

(4) Plutarque.

(5) Strabon.

Pour mieux inspirer le mépris de la mort, on établit des réjouissances autour des tombeaux. Les Japonois célébrent une grande fête sur la cendre de leurs parens ; & ils les invitent à un festin qui dure trois nuits : Sarris fut témoin, en 1613, de ces cérémonies.

La danse est prise indifféremment pour un signe de douleur ou de joie ; &, en effet, il y a des danses lugubres, comme celle des Madagascariens & de David.

Les couleurs du deuil ne sont pas par-tout les mêmes : le noir, chez les Japonois, est la couleur de la joie, & le blanc celle de l'affliction (1) ; & au royaume de Pégu, c'est le jaune.

Enfin, ceci dépend des conventions, & tout devient une marque de deuil, lorsque l'usage est reçu : les insulaires de Madagascar, dans le tems d'affliction, se peignent le visage de blanc, de noir & de jaune (2).

A la fin des funérailles, les Hottentots sacrifient une brebis, l'héritier du mort suspend à son coude la coëffe du ventre, & il la porte jusqu'à ce qu'elle tombe en pourriture (3).

---

(1) Lettres du P. Charlevoix.
(2) *Drury's history Flacourt.*
(3) Kolben.

CHAPITRE IV.

Respect pour les morts.

QUOIQUE les Arabes Nabatéens dédaignaſ-
ſent les cadavres, & qu'ils enterraſſent leurs rois
dans du fumier (1), les premieres peuplades ont
ordinairement du reſpect pour les morts, & la
piété & la tendreſſe concourent à les rendre ſa-
crés.

La profanation d'un cimetiere étoit la plus
grande de toutes les injures chez les Indiens de
l'Amérique ſeptentrionale (2).

La honte de laiſſer enlever par l'ennemi les
bleſſés & les morts, cauſa pluſieurs fois la défaite des Taſcalans : ils ne craignoient pas de
rompre leurs rangs & de s'expoſer au feu des Eſ-
pagnols pour en prendre ſoin.

Les peuples de l'antiquité lierent par la ſuite ce
reſpect à la religion, & l'on ne pouvoit y manquer ſans être ſacriléges.

Cette extrême vénération paſſa chez les bar-

----

(1) Hérodote & Strabon.
(2) Voyages de l'Eſcarbot & de Champlain.

bares : » Si quelqu'un , dit la loi des Bava-
rois (1), en tirant fur des oiseaux de proie , qui
dévorent un cadavre , blessé le cadavre , il payera
douze écus. «

Elle enfanta même des lois très-injustes ; car
Solon défendit de dire *aucun mal* des morts (2) ;
comme s'il ne falloit pas flétrir ou juger les mau-
vaises actions des coupables.

On conserva bientôt comme des reliques les
os de quelques mortels. Si l'on en croit Pinto ,
il vit , au palais du Calaminham , des tablettes
d'ébene , incrustées d'yvoire , & remplies de têtes
humaines, & on lui apprit que c'étoient celles des
grands hommes de la nation.

Mais la moindre idée bisarre suffit pour détruire ces hommages. Les anciens Danois croyoient
beaucoup aux revenans , & se battoient contre
les spectres. On les prenoit pour des morts qui
venoient tourmenter les vivans ; & il y avoit plusieurs manieres de s'en délivrer. On coupoit la tête
des cadavres ; on l'appliquoit fur leurs parties
naturelles , & on les empaloit ensuite : souvent on
les déterroit , afin de les brûler & de jetter les
cendres à la mer , &c.

------

(1) *Legis Bawariorum* , tit. 18.
(2) Plutarque.

Enfin, on crut que l'attouchement d'un cadavre souilloit. Les Parsis ensevelissent, avec le
mort, la terre sur laquelle il a rendu l'ame : s'il
leur arrive de toucher aux os d'une bête morte,
ils sont obligés de jetter leurs habits, de se purifier & de faire une pénitence de neuf jours ; &,
pendant cet intervalle, ni les femmes, ni les enfans n'osent les approcher (1).

D'autres idées affermirent ce préjugé, & l'on
établit des réglemens ; autrefois pour consacrer
une église où l'on enterroit des morts, il falloit
enlever les cadavres & la purifier, & même abattre
la charpente & les murs, & la reconstruire de
nouveau (2).

(1) Rel. de Mandeslo.
(2) Lib. 5°. *Capitul. Caroli & Ludovici imperat.*

F I N.

Nota. *Il y a, dans cet Ouvrage, quelques fautes
d'impression, & des mots pris les uns pour les autres,
qu'on ne corrige point.*

www.ingramcontent.com/pod-product-compliance
Lightning Source LLC
LaVergne TN
LVHW051950060726
842528LV00002B/268